AI와 이용후생 교육

AI문고

인공지능 시대입니다. 기계가 인간의 인지를 대신하고, 사물이 인간을 통하지 않고 다른 사물과 직접 커뮤니케이션합니다. 이에 따른 인간 삶과 문명 변화를 정확히 이해·예측·대응하는 것은 이 시대 우리 모두의 과제입니다. AI문고는 인공지능 기술과 환경의 여러 주제를 10가지 키워드로 정리합니다. 관련 개념과 이론, 학계와 산업계의 쟁점, 우리 일상의 변화를 다룹니다. 인간과 기술의 현재, 미래를 세심히 분석합니다.

일러두기

- 인명, 작품명, 저서명, 개념어 등은 한글과 함께 괄호 안에 해당 국가의 원어를 병기했습니다.
- 외래어 표기는 현행 어문규정의 외래어표기법을 따랐습니다.
- 이 책은 저자의 박사학위 논문 "연암 박지원의 삶과 사상의 교육적 함의"를 토대로 AI 시대의 교육적 문제들을 연암의 이용후생 사상에 입각하여 재조명해 작성한 것입니다.

처음이세요?

전문가세요?

AI와 이용후생 교육

신정민

대한민국, 서울, 커뮤니케이션북스, 2026

AI와 이용후생 교육

지은이 신정민
펴낸이 박영률

초판 1쇄 펴낸날 2026년 1월 14일

커뮤니케이션북스(주)
출판 등록 2007년 8월 17일 제313-2007-000166호
02880 서울시 성북구 성북로 5-11
전화(02) 7474 001, 팩스(02) 736 5047
commbooks@commbooks.com
www.commbooks.com

ISBN 979-11-430-1600-3 03500

책값은 뒤표지에 표시되어 있습니다.

차례

실학적 관점에서 본 AI 시대의 교육

인간 같음 vs 인간다움

기계가 인간의 말투로 우리와 대화하고 지식을 나눈다. 이 기계는 인간과 구분이 어려울 정도의 비슷함이 구현될수록 그 성능이 높이 평가된다. 아이러니하게도 기계적 수행을 평가하는 척도가 '인간'이 기준이 된다. '인간 같다', '인간보다 낫다'라는 놀라움과 찬사는 곧 기술의 혁신성과 탁월함을 대변한다. 여기서 기술에 대한 평가 척도인 '인간'의 속성은 계산 속도, 정확성, 효율성, 일관성 같은 기능적 수행 능력에 초점이 맞춰져 있다. 정확히 말해 여기서 기준이 되는 인간의 속성은 서구 계몽주의 이후 근대성이 강조한 '합리적 주체'로서의 인간이다.

흔히 AI의 수행을 '인간 같다'라고 하지 '인간답다'라고 하지는 않는다. '인간 같다'라는 게 인간의 수행에 얼마나 가깝게 흉내 내는가 또는 비슷한가에 초점을 맞춘 것이라면, '인간답다'라는 말은 훨씬 복합적이고 가치 지향적이다. 인간의 본질, 가치, 존엄성 등에 초점이 맞춰져 있으며 연민, 공감을 통한 인간관계 맺기, 막연한 호기심, 무모한 도전, 치명적 실수를 통한 성장, 욕망과 염치가 충돌하는 도덕적 갈등 같은 것들을 포함하기 때문이다. 니체에 따르면 인간은 죽음이라는 유한한 삶 속에서 이성과 충동의 긴장감 속에 사는 불완전하고 복합적인 존재다(Anderson, 2024). 니체가 말하는 '실존적 인간다움'은 제어되지 않는 욕망과 감정, 직관에 사로잡히며 망각과 실수를 반복하는 불완전한 인간 존재의 특성과 닿아 있다. 한없이 비효율적이고 비합리적인 인간다움은 AI가 흉내 내는 합리적 존재로서 인간과는 거리가 있다.

전 세계가 첨단 AI의 위력적 등장에 놀랐던 2016년 봄, 세계 최고 바둑 기사 이세돌이 구글의 AI 알파고에 1승 4패 한 그날의 충격은 단순히 바둑인들만의 것이 아니었다. 당시에는 초라하게 느껴졌던 이세돌의 1승은 결과적으로 인간이 AI를 상대로 마지막으로 거둔 유일한 1승으로 기록됐다. 이후 인간이 AI 바둑 엔진을 이긴 사례는 없었고 이듬해 구글은 더 다양한 과제 해결을 위한 AI로의 진화를 목적으로 알파고의 은퇴를 선언했다. 알파고의 승리는 컴퓨터가 암기와 계산 능력과 같은 도구에 머물지 않고 인간만이 가능할 것 같았던 추상적인 전략을 활용하는 부분에서 인간을 능가했다는 데 그 의미가 컸다.

이미 80여 년 전부터 컴퓨터는 정보 입력과 처리 분야에서 인간의 능력을 뛰어넘었고 유용한 도구로 이용되며 발전했다. 입출력을 통해 기억 기능을 담당하고 빠른 계산으로 높은 효율성을 발휘한 컴퓨터의 처리 능력은 매우 환영받았다. 그러나 가장 지적인 게임으로 평가받았던 바둑에서 컴퓨터가 인간 기사의 수를 읽고 판세를 파악한 후 인간의 지적 판단을 무너뜨리자, 이 기계를 더 이상 마음 편히 '이용'할 수 있을 것인가에 대한 고민 또한 깊어졌다. AI가 끝내 도달할 수 없는, 인간만이 지닌 본질을 탐색하고자 하는 노력이 시작된 것이다.

주도냐 소외냐

역설적으로 첨단 기술이 불러일으킨 '인간적인 것'에 대한 탐구는 인간 존재의 가치에 대한 사고의 기회를 제공했다. 이는 인간의 능력을 되돌아보게 하는 사회적 관심을 형성했다는 측면에서는 긍정적이라고 할 수 있다. 그러나 문제는 사회적 관심의 방향이 AI는 할 수 없는 '인간만의 영역'에만 갇혀, 기술 발전에 대한 즉흥적이고 반사적인 경계만을 보인다는 점이다. 2022년 말 오픈 AI가 공개한 생성형 인공지능 ChatGPT가 단시간에 전 세계적으로 폭발적 인기를 얻었다. 이에 놀라움과 함께 위기감을 느낀 사람들은, AI가 결국 질문에 답하는 기계일 뿐이므로 질문을 잘하는 능력이야말로 인간 고유의 영역을 발휘하는 핵심이라고 주장했다. 그 이듬해 클로드(Claude), 제미나이(Gemini), 라마(LLaMA), 미스트랄(Mistral) 등 다양한 생성형 모델이 더 진화된 모습으로 나름의 특성을 내세우며 앞다퉈 등장했다. 새롭게 등장한 모델에는 당연히 업그레이드된 기능이 탑재되었다. 그 순간부터, 인간은 새로운 AI 성능에 맞서 AI보다 더 잘할 수 있는 우위 분야나 역량을 반복적으로 탐색하기 시작했다.

아무리 기술이 발달해도 AI가 침범하지 못하는 인간만의 고유 능력이 있을 것이라는 희망은 계속된다. AI가 대답에 강하니 질문을 만드는 창의성은 인간의 고유 영역이라는 주장이 제기되었으나, AI는 곧 답을 주는 것은 물론 새로운 질문을 유도하고 미술이나 음악 등의 예술 분야에서 창작 활동을 하며 창의성을 발휘하기 시작했다. 이처럼 AI의 결핍된 기능을 찾아 인간만의 고유 능력이라는 주장이 생겨나면 AI 개발자들은 그것을 따라잡는 추가 버전을 곧바로 개발해 낸다. '그래도 이 부분만큼은 AI보다 인간이 더 낫다'는 주장이 곧 AI 기술 개발 과제의 주요 이정표가 되는 아이러니가 반복되는 것이다.

마치 다가가면 눈치채고 재빨리 달아나 잡히지 않는 잠자리처럼, AI는 사람들이 그 기술을 완전히 이해하고 활용하는 것보다 반발 앞서 진화한다. 즉, AI가 인간을 주도하는 것이다. AI의 주도하에 어느 순간부터 우리는 막 출시된 AI 버전을 온전히 활용하기도 전에 또 다른 새로운 버전을 업그레이드해 사용해야 하는 '바쁜 사용자'로 전락한 듯한 착각에 빠진다. 이것이 바로 기술이 초래한 AI 시대의 새로운 소외(alienation)다. 소외는 인간이 자신이 창조한 것들로부터 분리되고 낯설어지는 현상으로 자신과 세계를 통제하지 못하는 상태에서 발생하며 무력감을 낳는다(Fromm, 1955). 우리가 만든 AI 기술로부터 분리돼 오히려 AI와 경쟁하면서 AI보다 상대적으로 나은 인간 고유의 능력 찾기에 급급한 우리의 태도가 AI로 인한 디지털 소외를 양산하고 있는 건 아닌지 깊이 되돌아봐야 한다.

이로운 도구로서 기술의 조건

모든 기술이 다 그런 것은 아니지만 기술은 인간 사회를 더 나아지게 한다는 목적과 방향하에 삶을 이롭게 하는 수단으로 발전해 왔다. '이로움'라는 의미에는 진보, 지속 가능성, 평화, 풍요 등 다양한 가치가 숨어 있다. 기술이 주는 이로움은 사용 맥락에 따라 다각적으로 해석될 수 있기 때문이다. 다양한 해석의 여지를 차치하더라도 기술은 본질적으로 인간을 이롭게 하는 목적에서 시작됐다. 정약용의 《기예론》에 따르면 "하늘이 동물에게는 발톱과 뿔, 날카로운 이와 독으로 욕구를 채우고 해악을 막을 수 있게 했던 반면, 사람에게는 슬기로운 헤아림과 정교한 사유를 지니게 함으로써 기예(技藝, 기술과 예술을 아울러 일컫는 말)를 익혀 스스로 삶을 도모해 갈 수 있게 했다"(김월회, 2023). 기술은 인간의 생존을 위한 원초적 도구에서 시작되었다는 말이다.

인간의 발달 역사에서 새로운 도구와 혁신적 기술의 발명은 생존의 조건을 변화시켜 왔다. 새로운 기술의 개발과 발전은 그 자체로 의미 있는 것은 아니다. 우리는 기술의 성능이나 효율보다는, 해당 기술이 사회를 더 바람직한 방향으로 이끌었는지에 대한 사회적 평가를 더 중요하게 여긴다. 기술의 사회적 영향력은 기술의 성능이나 효율이 아니라 사회적 유용성과 가치 창출에 있다 (Floridi, 2014). 이런 측면에서 AI의 사회적 영향력을 가늠하기는 쉽지 않다.

AI는 인간만의 탁월한 기능이라고 여겨지는 '지능적 행위'를 구현한 최초의 기술이란 점에서 이전의 기술처럼 보조 지원 도구와 차별화된다. 작업 속도를 높여주는 효율성과 자동화를 통한 정확성은 물론 자율성까지 가지게 된 것이다. 끊임없는 반복 학습을 통해 문제 해결책을 제시하는 AI가 가진 기술의 혁신성은 지금까지의 인간과 기술의 관계를 근본적으로 변화시키고 있다. 단순한 도구를 넘어 인간이 생각하지 못한 방식으로 반응하고 새로운 방법을 제안하며 인간과 인지적 상호작용을 할 수 있게 되었다.

따라서 AI의 사회적 영향력에 대한 평가는 그 어떤 기술보다 더 정교하고 구체적으로 진행될 필요가 있다. AI는 고도의 첨단 과학 기술 중에서도 가장 대표적인 핵심 융합 기술로서, 제조, 금융, 국방, 의료, 농업, 해양, 물류, 마케팅, 교육 등 거의 모든 산업 분야와 연계돼 전 세계적으로 큰 지각 변동을 일으키고 있다. AI 융합 기술이 사회 전체의 발전 방향에 미치는 영향력이 막대한 만큼, AI 기술에 대한 윤리를 감독할 강력한 사회적 합의체가 제도화되는 것이 매우 시급하다.

기술 발전을 실질적으로 움직이는 것은 과학 그 자체가 아니다. 오히려 이윤 추구, 시장 확대, 지배력 강화와 같은 사회 경제적 힘이 실질적으로 기술의 방향을 좌우하는 경우가 더 많다(Muldoon et al., 2024: 244). 기술 발전 뒤에는 자본의 논리가 숨어 있기 때문이다. 초거대 모델 훈련에 천문학적 전력과 데이터가 필요하다. 클라우드나 플랫폼, 인재 · 반도체 · 데이터의 결합 등의 요건으로 생성형 AI 기술 개발은 구글 · 마이크로소프트 · 메타 · 엔비디아 같은 빅테크 기업이 주도할 수밖에 없는 구조다(AI Index Steering Committee, 2025: 4). 그렇기 때문에 더욱 AI가 자본 논리에 좌우되지 않도록 AI 윤리와 AI 기술이 가져올 사회적 영향을 신속하게 다각적으로 검토 · 대응할 수 있는 강력한 AI 거버넌스가 필요하다.

인간과 진정으로 공존하기 위한 지속 가능한 기술은 사회와 개인 삶에 도움이 되는 방향으로 사회 구성원의 합의를 통해 제도화될 때 가능하다(손화철, 2018: 269). 그러므로 AI 기술이 모두가 원하는 방향으로 사회를 어떻게 이끌 것인지 다각적으로 통찰하는 거버넌스의 제도화는 이로운 기술의 충분조건이다. 거버넌스 제도화를 통해 사회 시스템 내에서 관련 전문가와 책임자들이 AI 기술 진화로 발생하는 문제와 갈등을 빠르게 점검하고 사회적 합의를 통해 신속하게 해결할 수 있기 때문이다. 태초에 인간의 생존을 위한 도구로 출발했던 '기술'은 디지털 문명사회에서 인간다운 삶에 도움을 주는 공존을 위한 도구로 자리 잡고 있다. 그러므로 기술적 효율성뿐 아니라, 삶터와 일터에서 인간과 유연하게 공존할 수 있는가가 바로 이로운 기술의 필요조건이라 할 수 있다.

이로운 기술의 충분조건과 필요조건은 각각 AI 거버넌스와 인간과의 공존이다. 충분조건은 목표하고자 하는 결과를 내기 위한 충분한 환경과 전제이고 필요조건은 원하는 결과를 제대로 도출하기 위해 '반드시 필요한' 조건이다. 다시 말해서 AI 거버넌스는 AI가 지속 가능한 기술로 자리 잡기 위한 기본 전제이고, AI와 인간과의 공존을 위한 노력은 AI가 인간다운 삶을 만들어가는 필수 조건인 것이다. 거버넌스 제도화와 더불어 사람과 공존하는 AI 기술을 통해 궁극적으로 도달하고자 하는 것이 바로 사회 구성원 전체가 누릴 수 있는 인간다운 삶이기 때문이다.

인간다운 삶을 위한 이로운 동반자 AI

그렇다면 인간다운 삶이란 무엇일까? "모든 인간은 태어날 때부터 각자의 존엄성과 자유, 권리에 있어 평등하다"라는 유엔 인권선언 제1조에 따르면 존엄성, 자유, 권리, 평등은 인간다운 삶의 요소다. 그러나 이러한 단어들은 어딘가 식상하고 추상 명사로 다가온다. 그동안 우리는 교육에서 이러한 단어를 수없이 들었지만, 피상적인 구호로만 접해 정작 그 의미를 깊이 느낄 기회는 많지 않았기 때문이다. 그러나 이제라도 존엄성이라는 가치를 제대로 음미해 본다면 인간다운 삶이 무엇인지 헤아릴 수 있을 것이다.

존엄성(尊嚴性, dignity)은 단순히 생존을 넘어 인간으로서 갖는 본질적 가치와 고유한 품위를 말한다. 존엄성은 인간의 고유 가치로서, 한자로는 '감히 범할 수 없는 높고 엄숙한 성질'로 풀이된다. 이는 곧 조건이나 상황에 따라 변하지 않는 내재적 속성-외부 조건이나 환경에 의해 부여되거나 제거될 수 없는 존재 자체에 내장된 특성-을 의미한다. 실존적 관점에서 인간은 미리 정해지지 않은 예측불허의 세상에 내던져지듯 태어난다. 태어나기 전부터 이미 돌아가던 세상에 내던져진 탓에 원초적 불안감을 느끼지만, '정해진 것 없는 삶'이 주는 자유를 만끽한다. 이 자유는 능동적 주체성으로 '선택'의 동력이자 '선택'한 삶을 살아갈 권리로 이어진다. 내가 한 선택이 곧 내가 된다. 각자의 삶이 다 다를 수밖에 없으며, 그 자체로 고유한 이유가 된다. 이처럼 고유한 삶은 우위를 가릴 수 없으므로, 그 자체로 평등하다.

결국 인간은 자기만의 삶을 선택하고 구성하는 주체

적 존재로 살 때 비로소 존엄성, 자유, 권리, 평등이 보장된 인간다운 삶을 누릴 수 있다. 인간을 인간으로 살 수 있게 하는 트리거가 '선택'인 것이다. 그런데 AI가 우리의 선택까지 대행하게 된다면 어떻게 될까? 만약 자율주행차가 직진하면 행인을 치어 죽이고, 멈추면 운전자가 죽게 되는 딜레마 상황에서 AI는 어떤 선택을 할 것인지 장담할 수 있는가? 기술이 사람의 생명을 선택하는 상황이 예사가 되는 것을 단지 디스토피아적 상상이라고만 할 수 있을까.

AI에게 인간의 딜레마까지 대행하게 해선 안 된다. 딜레마는 두 가지 이상의 선택지 사이에서 모두 장단점과 윤리적 충돌이 있는 상황에서 발생한다. 인간에게도 딜레마는 단순한 선택 문제가 아니라 그 사람의 가치 판단과 도덕적 고뇌를 수반하는 일이다. AI는 주관적 의식이나 감정이 없으므로 인간처럼 고뇌하거나 성찰할 수 없다. 이 때문에 AI를 통해 선택의 기준과 시기 등의 조언을 구할 순 있지만 최종 선택의 결정까지 맡길 순 없다. 최종 선택 단계에서는 인간의 개입이 반드시 필요하다. 인간다운 삶을 위한 이로운 동반자로서 AI는 인간이 최종 선택의 주체가 되도록 인간의 선택권을 지원해야 한다. 더불어 선택의 결과가 인간에게 유익하도록 의사 결정의 보조자로서 AI 역할을 분명하게 규정하는 것이 매우 중요하다.

지금 연암과 이용후생을 소환하는 이유

18세기 조선시대의 대표적 실학자인 연암 박지원(1737~1805)은 세계를 '끊임없이 만물을 낳고 해와 달이 매일 새로운 빛을 내며 썩은 흙에서 새 풀꽃이 계속 피어나는'(박지원, 2012: 26) 변화 그 자체로 인식했다. 변화를 겪는 인간은 기존의 세계에 머무르지 않고 지속적으로 기존 사유의 틀을 벗어나야 한다. 연암이 활동한 18세기 후반 당시 조선 사회는 중세에서 근대로의 과도기적 변화로 혼란의 시기였다. 내적으로는 임진왜란과 병자호란 이후 심각한 경제적 피폐와 사회적 모순에 직면해 있었고 외적으로는 조선이 속했던 동아시아에서 서구 문명의 영향력이 점차 확대되고 있었다. 이에 따른 대표적인 변화가 서구로부터 건너온 과학 기술의 확산과 상공업의 발달이다. 이로 인한 경제 구조와 사회 계층의 변화로 사회적 혼란이 매우 가중됐다.

새로운 삶의 방식을 받아들이느냐 거부하느냐의 선택은 첨예한 사회적 갈등을 일으켰다. 그러나 연암은 기존의 사유 체계를 고수하거나 폐기하는 식의 양극적 선택보다는 그 경계를 허무는 '사이'의 사유 방식을 통해 조선의 현실을 냉철하게 파악하고 상황과 시의성에 맞는 삶의 양식을 발견하고자 했다. 그는 변화에 대한 수용이나 거부라는 이분법적 선택과 갈등을 지양하고 조선의 현실에 실질적으로 도움이 되는 사상, 제도, 도구를 선별하여 도입하자고 주장했다. 열린 세계로의 개방성과 실용적 삶에 대한 연암의 생각은 1780년(정조 4년) 청나라 건륭제의 칠순 축하 사절단에 합류해 떠난 중국 여행 이후 더욱 뚜렷해졌다.

연암은 낙후된 조선 사회에 활력을 불어넣을 변화의 방향을 모색하기 위해 낯선 세계에 자신을 내던지는 모험을 감행했다. 당시 중국 청나라에는 서양의 기술, 경제 체제, 종교 및 예술, 도시 문화 등이 유입되어 외부 세계에 대한 연암의 호기심을 자극하기에 충분했다. 직접 중국을 둘러본 경험은 연암에게 큰 충격을 주었고, 이때의 경험을 기록한 《열하일기》에는 청나라의 선진 문물, 과학 기술, 상업 발달, 도시화 등을 관찰하고, 이를 조선 사회에 적용할 수 있는 방안을 모색하려는 연암의 고뇌로 가득 차 있다. 열하 기행 이후 조선도 반드시 변해야 한다는 절실함을 느낀 그는 자신의 핵심 사상인 이용후생(利用厚生) – 실생활에 유용한 것을 활용하여 백성의 삶을 풍요롭게 한다—을 적극적으로 펼쳤다.

연암의 이용후생 사상은 추상적 이념보다는 구체적인 생활 개선에 집중해 도구를 이용한 실질적인 생활의 진보를 강조한다. 그러나 더 주목할 것은 사람을 도구처럼 부리지 않고 인간답게 살도록 해야 한다는 실용적 휴머니즘이 근본 바탕에 깔려 있다는 점이다. 실용적 휴머니즘(practical humanism)은 실제 생활 속 현실 문제를 해결하는 과정에서 인간 존엄, 이성, 자유, 책임 등을 실천하는 것이다(Lamont, 1997; Kurtz, 2010). 변화의 방향성과 예측이 어려운 AI 시대는 발전의 단계마다 우리로 하여금 인간의 가치와 인간다운 삶의 의미가 무엇인지 근본적으로 생각하게 만든다. 더 나아가 단순한 지식 · 기술의 전달이 아닌 인간다움을 길러내는 과정으로서 교육의 근원적 역할을 탐색하라고 재촉한다. 지금 우리는 이러한 불확실성 속에서 숨은 과제를 찾아 해결하고 이 시대에서 요구되는 인간적 가치를 찾아야 하는 문명 전환의 기로에 서 있다. 그럼에도 기술 발달로 인한 편리함과 혁신적 생활에 대한 기대만큼 기술의 영향력에 주도되고 소외될 두려움도 만만치 않다. 18세기 연암이 겪은 사회적 대변동으로 인한 혼란과 불확실성이 현대에도 재연되고 있다. 기술 변동이 기존의 규범과 제도를 조정하는 속도보다 매우 빠르다. AI 쇼크가 가져온 아노미(Anomie)－사회 규범과 가치의 약화·혼란으로 개인이 방향감을 잃는 상태－라고 해도 무리가 없을 정도다. 이에 변화의 물결 속에서 주도적으로 사람다운 삶의 조건을 만들기 위해 노력했던 연암의 진정성과 주체적 실천의 동력이 필요하다. 이것이 지금 연암과 이용후생을 소환하는 이유다.

이용후생과 AI, 그리고 교육

"이제는 AI 시대"라는 구호가 사회 전반에 퍼지면서, 'AI 시대로의 전환'이라는 과제는 사회적 논의의 중심으로 부상하고 있다. 현상이 일정한 시간을 점유할 때 그 길이와 영향력에 따라 상황, 국면, 시기, 시대로 분류된다. '상황'이 특정한 순간의 조건을 의미한다면, '국면'은 이보다 확장된 구조적이고 단계적인 양상을 지닌다. 나아가 '시기'는 특정한 목적이나 특징을 가진 일정한 기간을 뜻하며, '시대'는 지배적인 사상, 기술, 문화로 특징지어지는 역사적으로 긴 기간을 통칭한다. 따라서 'AI 시대'라는 명명은 AI가 사회, 문화, 경제, 기술, 제도적 차원에서 지배적인 문명의 주축이 되었다는 뜻이며, 이와 동시에 AI가 우리 삶을 근본적으로 어떻게 바꿀지 철저하게 질문하고 해결해야 하는 시대적 과제를 의미한다.

이용후생에서 이용의 진정한 실현은 단순히 사물을 '이용'하는 데 있지 않다. 오히려 사물의 본질을 명확히 인식하고, 그에 따라 함부로 남용하지 않는 것까지 포괄한다. 다시 말해, 이용후생적 실천의 핵심은 도구 또는 기술을 이용하는 데 있는 것이 아니라, '어떻게' 이용할 것인가에 있다(박수밀, 2022). AI가 본격적으로 확대되고 AI 시대의 초입에서 우리가 해야 할 가장 중요한 일은 AI가 어떻게 우리의 일상적 생활을 이롭게 변화시켜 삶을 도탑게(깊고, 풍부하고, 돈독하게) 할 수 있는지에 대한 실천 방향을 모색하는 것이다.

이러한 측면에서 교육은 개인적 삶의 성장과 사회의 지속 가능성을 책임지는 모든 인간 활동의 중심축이며 '어떻게 살아가야 하는가'를 결정짓는 근본적인 사회적 동력의 역할을 한다. 따라서 AI와 이용후생의 교육적 의미는 "학습자가 AI라는 도구의 본질을 잘 파악하고 유익하게 활용할 수 있는 지식을 습득하며, 평생 배움을 통해 개인과 공동체의 삶을 의미 있고 가치 있게 만드는 것"이다. 이와 같은 이용후생의 교육적 관점은 학습자가 AI를 제대로 이해하고 활용함으로써 궁극적으로 평생 학습을 통해 개인과 공동체 삶의 질을 향상시키는 교육 본연의 목적과도 일치한다.

연암의 생애와 이 책의 구성

이 책에서는 문명 전환기에서 개방적인 태도로 진정성 있는 인간적 삶을 추구한 실학자 연암 박지원의 이용후생 사상을 소개하고, 이와 연관하여 AI가 불러온 문명의 발달과 변화에 주체적으로 대응하는 인간 교육의 역할과 방향을 탐색한다.

연암(1737~1805, 영조 13년~순조 5년)의 생애를 간략하게 소개하면, 연암은 당시의 권세가 높았던 명문가 출신이었지만 과거 시험을 스스로 포기함으로써 권세와 명예, 그리고 부가 보장된 사대부의 삶을 저버렸다. 20대에는 양반의 무능과 신분제의 모순을 폭로하는 《양반전》, 《광문자전》, 《예덕선생전》 같은 소설을 집필했다. 이 소설들에서 연암은 하층민이나 괴짜 같은 특이한 인물들을 주인공으로 내세워 기득권이 불온한 세력이라 여겼던 그들의 야성과 인간적 매력을 생동감 있게 표현했다(김명호, 2013: 42~43). 특히 그가 그린 소외 계층의 주인공들은 신분과 가난에 얽매이지 않고 스스로 삶을 성실하게 살며 자기만의 삶의 방식을 지켰던 주체적 인물로 형상화됐다. 30대에는 종로 백탑(원각사지 10층 석탑) 주변에 벗들과 모여 살며 백탑파로 일컬어지는 융합적 지식 공동체 활동을 했다. 40대에는 황해도 연암협에 은거하여 손수 농작물을 가꾸고 인근 개성의 젊은 선비들을 교육했으며, 44세가 되던 해에 우연히 중국 열하 기행에 합류하여 최고의 대표작으로 일컬어지는《열하일기》를 집필했다. 평생 재야 지식인으로 살았던 연암은 50세에 늦은 나이로 관직 생활을 시작하며, 젊은 시절부터 연구해 온 이용후생 사상을 민생의 삶의 개선에 적용하고 실천했다. 이 시기 그는 강한 추진력과 실험 정신을 발휘하며 학문의 내용을 실제 삶에 적용했다. 69세에 지병으로 생을 마감하면서 형식에 치우진 번잡한 장례 의식을 생략하고 그저 '몸을 잘 씻겨 달라'는 유언을 남겼다.

연암은 역동적인 삶 속에서 어떻게 살아가야 하는가에 대한 깊은 성찰과 진정성 있는 인간관계에 대한 고민을 놓지 않았다. 무엇보다도 그의 대표적 저작인《열하일기》에는 시대를 뛰어넘는 현대적 감각과 자유로운 문체로 이용후생과 법고창신 – 옛것의 지혜와 전통을 근간으로 하되, 그것에 얽매이지 않고 시대에 맞는 새로운 것 창조 – 으로 대표되는 독창적인 사상이 가득하다. 또한, "자유롭고 호쾌하며 소탈한 모습, 겸허와 측은지심, 해학과 호기심으로 가득 찬"(정일남, 2010: 42) 연암의 인간적 매력도 잘 드러나 있다.

일반적으로 조선시대 중국으로 보내는 사절단을 연행단이라고 했는데 '연(燕)'은 북경 일대를 칭한다. 원래 조선 사신은 북경까지 여행하는 게 통상적이었다. 연암이 참여했던 1780년 청나라 건륭제의 칠순 생일 축하 행사 참여를 위한 연행단도 원래는 북경까지의 일정을 계획해 출발했지만, 북경에 도착하자마자 건륭제가 북경에서 북동쪽으로 약 230km 정도 떨어져 있는 '열하'로 갔다는 소식을 듣고 이례적으로 열하까지 가게 된다. 열하는 여름에도 시원해서 청나라 황제의 피서 산장이 있었고 건륭제는 여름마다 이곳에 머물며 외교 사절을 맞이하고, 몽골 · 조선 · 티베트 사신들과 교류한 곳이다. 열하를 방문한 조선 최초의 연행단의 일원이었던 연암의 연행 기록이 《열하일기》로 이름 붙여진 것도 이러한 특수한 상황 때문이다. 연암은 《열하일기》를 통해 조선에 한 번도 소개된 적이 없는 열하에 대한 기록을 담을 수 있었다.

이 책은 인간적인 삶에 대한 탐구, 진정한 배움과 실천, 이로운 도구 사용과 기술, 변화에 대한 주체적 수용과 통찰 등 연암의 삶과 사상에 함의된 교육적 의미를 10개의 장으로 구분하여 AI 문명 전환기에서 숙고해야 할 교육의 방향과 가치를 논의한다. 특히 이용후생의 현대적 해석과 교육적 적용을 위해, 지식 탐구의 태도를 형성해 주는 교육 방법과 교육 방식, 교육의 구성 요소인 교육 주체(학습자, 교사), 교육 내용, 교육 환경(교육 도구)을 중심으로 교육 패러다임의 적응과 대응 전략을 탐색한다. 이 책의 전체 구조와 각 장의 구성은 표 0-1과 같다.

1장에서는 AI 패러다임으로 인한 교육의 변화 양상을 검토하고 문명 전환기에 연암이 인식했던 불확실성과 변화에 주체적으로 대처하는 태도를 통해 교육적 해법의 방향을 모색한다.

2장에서는 이용후생의 의미와 현재적 재해석을 통해 AI가 착하고 이로운 기술로서 인간 교육에 어떤 역할을 할 수 있는지 검토하고 학습자의 성장을 실현하는 교육적 도구로서의 가능성을 탐색한다.

3장에서는 패러다임의 변화에 따라 기존 사유 체계의 해체와 새로운 지식 창출의 '사이'에서 요구되는 지식 탐구의 방법으로서 통찰력을 강조하고 융합과 다원화 사회의 경계에서 꽃피는 배움의 조건을 설명한다.

4장에서는 불확실성 속에서 미지의 세계에 관한 강력한 탐구력과 모험 정신, 끊임없는 호기심으로 인식과 경험을 확장하는 지식 탐구의 방식으로서 유목적 사고의

표 0-1 각 장의 구성

구분		목차
문제 제기		01 AI 시대의 교육적 쟁점
이용후생의 현대적 해석		02 이용후생의 의미
지식 탐구의 방법/방식/태도		03 '사이'의 통찰
		04 유목적 사고
		05 저실기측 학습 태도
교육 구성 요소	학습자/교사	06 사우, 수평적 교육 관계
	교육 환경 (교육 도구)	07 상호 밑천이 되는 상자적 네트워크
	교육 내용	08 무용지용의 가치 실현
교육 패러다임의 적응과 대응		09 법고창신, 변화에 대한 주체적 인식과 확장
AI와 이용후생 교육의 전망		10 사람에게 이롭게 사회를 도탑게, AI 시대 교육 상상

중요성을 강조한다.

5장에서는 AI 엔진에서 검색 · 연결 · 해석 · 창조로 연계되는 지식 창출 변화에 맞서 연암의 저실기측 개념을 도입해 앎의 핵심에 다가서는 지식 탐구 태도의 중요성과 필요성을 논의한다.

6장에서는 수평적 교육 관계로 사우(師友)의 개념을 통해 새로운 지식을 창출하는 조건으로서 우정의 교육적 관계의 필요성을 검토한다.

7장에서는 연암이 제시한 '서로 밑천이 되어 힘입어 산다'라는 상자(相資)적 네트워크를 교육 환경 측면에서 검토하고 핵심 에듀테크로서 AI와 인간 협업의 장점과 한계를 짚어본다.

8장에서는 연암이 생각한 '쓸모없음의 쓸모'의 의미를 분석하여 인간이 가진 역량의 쓸모를 결정하고 대체하는 교육 내용의 시의적절성에 대해 논의한다.

9장에서는 연암이 주창한 법고창신(法古創新)의 정신을 조명한다. 교육 패러다임의 적응과 대응을 위한 주체적 인식과 확장의 중요성을 설명한다.

마지막으로 10장에서는 AI와 이용후생 교육을 전망하고 사람에게 이롭고 공동체를 도탑게 하는 미래 교육 환경을 상상한다.

참고문헌

김명호(2013). 《연암 문학의 심층 탐구》. 돌베개.

김월회(2023.3.20). "기술은 인간을 이롭게 하는 도구일 뿐". 《문화일보》, 24면.

박수밀(2022). "풀어쓰는 실학이야기: 이용후생의 참된 뜻". 다산연구소. http://www.edasan.org/sub03/board08_list.html?bid=b38&page=&ptype=view&idx=8265

박지원(2012). 《연암집(상)》. 신호열·김명호 옮김. 돌베개.

손화철(2018). “인공지능 시대의 과학기술 거버넌스”. 《철학사상》, 68, 267~299쪽.

정일남(2010). “『열하일기(熱河日記)』 연암형상(燕巖形象) 일고(一考)”. 《동방한문학》, 42, 225~254쪽.

AI Index Steering Committee (2025). Artificial Intelligence Index Report 2025. Institute for Human-Centered Artificial Intelligence, Stanford University. https://hai.stanford.edu/ai-index/2025-ai-index-report

Anderson, R. L.(2024). Nietzschean perspectivism: Representation and values. The Monist, 107(4), 322~338. https://doi.org/10.1093/monist/onae017

Floridi, L.(2014). *The Fourth Revolution: How the Infosphere Is Reshaping Human Reality*. Oxford: OUP.

Fromm, E.(1955). *The sane society*. Rinehart.

Kurtz, P.(Ed.).(2010). *Multi-secularism: A new agenda* (1st ed.). Transaction Publishers.

Lamont, C.(1997). *The philosophy of humanism*(8th ed.). Humanist Press.

Muldoon, J. et al.(2024). *Feeding the machine: The hidden human labor powering A.I.*. Bloomsbury Publishing. 김두완 옮김(2025). 《AI는 인간을 먹고 자란다》. 흐름출판.

01
AI 시대의 교육적 쟁점

AI 시대에서 교육은 급속한 변화의 중심에 서 있으며 여러 교육적 쟁점과 새로운 교육학적 상상력을 요구받고 있다. AI 문명 전환은 학습자, 교사, 교육 내용, 교육 환경 등 교육의 모든 구성단위에서 변화에 대한 적응과 저항의 움직임을 일으키고 있다. 문명 전환기의 불확실성과 변화의 역동 속에서, 연암이 인식했던 주체적 대응 태도를 통해 '지금' 우리 교육의 해법을 어떻게 모색할 수 있을까.

기후 위기와 인공지능?

브레인롯(Brain rot), 뇌가 무기력하다

영국 옥스퍼드대학 출판부는 2024년 '올해의 단어'로 '브레인롯(Brain rot)'을 꼽았다(Oxford University Press, 2024). 브레인롯은 뇌가 썩어('rot'의 의미는 '썩다, 부패하다') 멍해지는 상태를 비유적으로 표현한 것이다. 뇌가 쓸모없는 것으로 가득 찬 느낌을 일컫는 인터넷 속어로도 사용되고 너무 자극적이고 가치 없는 콘텐츠에 빠져 생산적 사고 능력이 떨어지는 느낌이나 정신적이고 지적인 노력이 전반적으로 쇠퇴하는 과정을 표현할 때도 사용된다(김미나, 2024). 브레인롯이 화두로 떠오른 데에는 이유가 있다. 기술이 단순히 우리의 생활방식을 바꾸는 수준을 넘어, 사고력과 뇌의 기능 자체를 약화시킬 수 있다는 경고로 받아들여지고 있기 때문이다.

개의 가축화로 인한 뇌 용적의 감소에 관한 연구에 의하면, 개는 약 1만 5000년 전 늑대로부터 가축화(domestication)된 것으로 추정된다(Morey, 1994). 그런데 이 과정에서 뇌 크기가 동일 체구의 늑대 대비 약 20~30% 감소한 것으로 보고됐다(Kruska, 2005). 그리고 이러한 변화가 단순한 뇌 용적 축소가 아니라 선택적 재구조화를 의미한다는 것이다. 즉, 인간과의 사회적 협력에 필요한 뇌 영역은 오히려 발달하였으나, 독립적 생존에 요구되는 영역은 퇴화했다(Hare & Tomasello, 2005). 개의 가축화 과정에서 나타난 뇌 변화는 인간에게는 긍정적일 수 있으나, 생명체 종으로서 개에게 뇌 용적 축소 가설은 가볍게 지나치기 어렵다.

야생의 늑대는 생존을 위해 늘 긴장 속에 살아야 했다. 먹이를 찾고 더 강한 맹수를 피하려면 예민한 감각과 높은 경계심이 필수였다. 그러나 이들 중 일부가 인간과 함께 살게 되면서 개로 변했다. 안락하고 규칙적인 환경에 적응하고, 생존을 인간에게 의지하게 되자 뇌의 크기가 줄어들었다는 가설이 있다. 이 가설은 아직 과학적으로 완전히 입증된 것은 아니다. 하지만 AI의 편리함에 길들여진 인간의 뇌가 어떻게 변할 수 있는지를 경고하는 강력한 은유로 다가온다.

인간의 사고, 판단, 문제 해결에 이르기까지 많은 부분을 AI에게 의지하는 현상이 확대되었고 사람 간의 대화 중에도 애매한 부분은 서로 논의하기보다는 바로 각자 AI 엔진을 통해 확인하는 것이 더 편하게 느껴진다. 그러나 AI에 대한 의존이 과도할 경우 기억력, 비판적 사고력, 창의적 탐구력과 같은 핵심 인지 능력이 저하될 위험이 크다(Meincke et al., 2025: 15; Gerlich, 2025: 1107~1109). 스스로 정보를 기억하고 자기만의 장기 기억으로 내재화하기보다는 기기에 저장하는 기억의 외주화(outsourcing of memory)는 개인 휴대폰의 대중화 시점에 이미 시작된 현상이다. 검색 엔진 사용이 '무엇을 아는가'보다 '어디서 찾을 수 있는가'를 기억하는 방식으로 사람들의 기억 방식 자체를 바꾸어 놓았다(Sparrow et al., 2011). 이제는 AI에 대한 과도한 의존이 기억의 외주화를 넘어 기억 능력의 악화를 초래한다.

학습 단계에서 기억은 이해나 적용, 분석보다는 하위 학습 단계지만, 상위 인지 활동(이해, 적용, 분석, 평가, 창조)의 토대다. 심지어 창의력조차도 반드시 기억된 사실 · 개념 · 절차적 지식 위에서 가능하다(Krathwohl, 2002: 214~214). 기억하는 시간을 줄이고 창조적 사고에 집중해야 한다고 하지만, 창의성은 진공 상태에서 자발적으로 발현되는 게 아니다. 오히려 창의성은 다양한 정보와 지식을 탐색하고, 반복적으로 숙고하며, 이를 능동적으로 활용하는 인지적 과정을 통해 형성된다. 따라서 탐구 기반 학습이 강화되고 학습자의 인지적 능동성을 발휘할 수 있도록 단순한 정답 찾기보다는 AI의 답을 검증 비판하는 교육 활동으로 설계되는 일이 창의성 교육보다 더 중요하다.

AI 패러다임 변화의 예측 불가능성

패러다임은 특정 시대나 집단이 공유하는 사고와 행동의 틀, 세계관, 문제를 바라보고 해결하는 방식 등으로 한 시대의 사회적 특성이 집합된 총체다(Kuhn, 2013: 74). AI는 현재 우리 일상 곳곳에 스며들어 교육 현장에 총체적으로 강력한 영향력을 발휘하는 중이다. 구체적으로 AI로 인한 교육 패러다임의 변화에 따른 영향은 앞서 제기한 학습의 무기력, 수동성, 기억력 외주화 외에도 학습자, 교사, 교육 내용, 교육 환경 등 여러 측면에서 다양하게 발견된다. 이러한 영향을 개인화, 속도, 신뢰성, 접근성, 학습 성과 측면에서 살펴보면 다음과 같다(Oschinski et al., 2024).

첫째, 개인화 측면에서는 AI를 이용해 학습자 맞춤 데이터를 기반으로 개인 맞춤형 학습 환경 지원이 구축되고 있다. 둘째, 속도 측면에서는 AI의 즉각적인 콘텐츠 생성 능력 덕분에 교사의 교재 제작 시간이 절감되고 학습자의 요구에 맞춘 교육 콘텐츠를 신속하게 조정·제공할 수 있다. 셋째, 신뢰성 측면에서는 AI가 생성한 정보의 신뢰도와 정확성에 대한 우려가 완벽하게 해소되지 않고 있어 학습용 AI 도구에 대한 안전장치 마련이 필요하다. 넷째, 접근성 측면에서는 특정 계층에 불이익이 발생하지 않도록 AI 기반 학습 지원 환경에 대한 접근성을 높이는 사회적 노력이 요구된다. 마지막으로 학습 성과 측면에서는 기본 원리를 이해하는 학습 기회가 줄어듦에 따라 지식 탐색과 분석 능력이 점진적으로 상실되거나 쇠퇴하는 스킬 침식(skill erosion) 문제가 심각하다. 더불어 사람과의 협력을 통한 문제 해결과 같은 비기술적 · 인간 중심적 역량인 소프트 스킬(soft skills) 저하 등이 가속화될 것으로 예상된다.

이처럼 AI의 혁신적 기술은 이전에는 예측 불가능했던 문제들을 가시화하며 교육 현장을 위협함과 동시에 새로운 도전 과제를 던지고 있다. AI의 진화는 계속될 것으로 전망되는 가운데 앞으로 우리를 위협하는 새로운 문제와 해결 과제가 지속해서 새로운 교육적 쟁점으로 떠오를 것이다. AI의 발전 방향을 예측하는 것만큼이나 교육적 대응도 불확실성이 매우 크다.

불확실성은 나쁘지 않다.

불확실성(uncertainty)은 변화의 상황은 파악되지만 변화 양상이 확연히 드러나지 않아 이에 대처할 수 있는 지식이나 정보, 방법 등이 부족한 상태를 말한다. 이는 아예 상황이나 문제에 대한 파악이 되지 않는 모호성

(ambiguity)과는 구분된다(조인호 · 조준석, 2012: 227). 따라서 불확실성을 인정한다는 건 변화의 상황을 파악했다는 신호다. 우리는 이를 인식과 경험을 확장하는 기회로 삼아 불확실성을 헤쳐 나갈 수 있다. 반면, 모호성은 적극적인 상황 파악을 통해 제거해야 하는 것이다. 간혹 불확실성을 모호성으로 착각하여 부정하고 제거하려 하지만, 불확실성은 문명 전환 수준의 거대한 변화의 시기에 필연적으로 나타나는 현상이므로 제거가 아닌 극복해야 할 것이다.

연암은 패러다임이 전환되는 불확실한 시대를 정면으로 응시하며, 새로운 삶의 방향을 모색했다. 불확실성은 주체적 판단과 개방적인 태도를 가진 연암에게 다양하게 열린 변화의 가능성이자 새로운 앎의 욕구를 생성하게 만드는 계기이자 원동력이었다. 연암은 불확실성을 특유의 개방성으로 극복했다. 연암의 개방성은 크게 두 가지 방향으로 구분된다. 하나는 닫힌 생각의 경계를 거두고 다양한 사람들과 만나 여러 분야의 지식을 탐구하는 융합적 지식 공동체 활동이다. 나머지 하나는 열린 세계로 직접 나가 적극적으로 외부 세계의 변화상을 관찰하는 모험으로서 여행이다.

불확실한 세계를 극복하기 위한 첫 번째 실천은 융합

적 지식 공동체 활동이었다. 연암이 활동하던 18세기 조선 후반 사회는 기존 세계관의 균열로 인한 혼란 속에서 새로운 대안의 부재로 불확실성이 농후했다. 대부분 조선의 지식인들은 이러한 변화 앞에서 위축되거나 수구적 태도로 일관하는 것이 일반적이었다. 그러나 그중에서 일부 개혁적 지식인들은 변치 않는 진리에 대해 회의함으로써 명분에 치우쳐 왜곡된 주자학적 도(道)에 대한 맹목적 신뢰를 거두며 시시각각으로 변하는 눈앞의 진실에 더 큰 관심을 쏟고 있었다(정민, 2011: 11). 연암의 백탑 모임 지식인들이 대표적이다. 30대의 연암은 또래의 젊은 선비들(홍대용, 정철조, 유금, 이덕무, 박제가 등)과 융합적 지식 공동체를 구성하고 구심점 역할을 했다. 이들을 문장뿐 아니라 수학, 기술, 예술, 자연과학 등 다양한 분야에 뛰어난 인재들이었다. 이른바 '백탑' 모임이라고 불린 이들은 종로 탑골 주변에 모여 살며, 오늘날의 학습 커뮤니티처럼 일상적으로 자유롭게 교류했다. 각자의 관심 분야를 인정하고 서로에게 배우며 견문을 공유 및 확장한 것이다. 학문과 취향을 공유하는 이 모임의 공통된 관심사는 시대적 전환기에 대한 인식과 변화에 대한 갈망이었다. 연암은 동료들과 새로운 문물에 대한 호기심을 바탕으로 다양한 지식 체계를 섭렵하며 새로운 세계를 향하는 돌파구를 모색했다.

그리고 불확실한 세계를 극복하기 위한 연암의 두 번째 실천은 열하 기행이었다. 연암은 이 여행에서 특유의 개방적 면도와 호방한 성향을 발휘하며 선진 문명 사회였던 청나라 사회 제도와 경제 활동 등을 구석구석 탐험했다. 그는 조선의 현실을 실질적으로 개선할 수 있는 도구와 기술, 주택, 수레와 도로 등에서부터 조선의 생활을 더 나아지게 할 수 있는 제도의 모색까지 적극적으로 관찰하고 종횡무진 움직였다. 이때의 여행기라 할 수 있는 연암의 대표작《열하일기》에는 연암의 이용후생 관점이 곳곳에 제시되어 있다. 더불어 미지의 세계를 탐구하며 끊임없이 '정착지를 이탈'하는 유목민의 태도와 낯선 상황에서 적극적 관찰을 즐기는 이방인 연암의 역동적인 모습이 가득하다.

확률적 지식을 주체적으로 선택하기

현재 우리가 겪고 있는 AI 문명 대전환과 교육 현장의 혼란으로 비치는 불확실성은 나쁘지 않다. 불확실성을 극복하려는 방법을 찾아 헤쳐 나가면 새로운 세계로 연결되는 터널이 될 수 있기 때문이다. 잘 모르기 때문에 생기는 불안감은 정확히 응시하고 확인해야 해소될 수 있다. 연암은 융합적 지식 공동체와 낯선 세계 탐험을 통해 조선의 현실을 파악하고 당시의 불확실성에 대응했다. 삶을 끊임없이 변화하는 유동적인 것으로 인식했기 때문에, 변화에 민감할 수밖에 없었고, 상황과 맥락에 집중하여 열린 태도를 견지할 수 있었다. 열린 태도의 연암은 탑골과 열하에서 보편화된 기준을 내면화한 고정된 관념이라는 틀을 벗어던지고 나와 타자, 나와 세계의 '사이'에서 수많은 가능성을 헤아리며 사태의 본질을 통찰했다.

AI 시대의 교육적 해법도 여기에 있다. 불확실한 시대를 현명하게 대처하려면 세계를 가능성과 확률로 인식하는 태도가 요구된다. 기존 지식은 인간이 처리 가능한 데이터를 분석하여 법칙과 이론을 세우고 지식을 현실에 적용하는 방식으로 만들어졌다. 그러나 지금은 인간의 뇌와 능력으로는 다 처리할 수 없는 AI 속 수많은 변수 값에 저장된 지식을 AI가 생성하고 인간과 공유한다. AI로 만들어진 지식은 서로 연결되어 더 거대한 시스템으로 발전하는 유동성을 가진 확률적 지식이다(강국진, 2023: 178~180). 이는 논리적 지식처럼 확정되거나 고정되지 않고 맥락에 따라 변주된다.

확률적 지식은 불확실성의 정도와 연동된다. 불확실

성이 짙으면 확률이 낮고 불확실성이 걷히면 확률이 높아진다. AI가 생성한 확률적 지식은 오히려 고정된 지식보다 인간의 자유도를 더 높인다. 확률을 실행의 가능성으로 판단하는 주체는 인간이기 때문이다. 예를 들어 과거에는 일기 예보가 '비가 온다/안 온다'라는 확정적 정보를 주었다면, 지금은 '비가 올 확률이 몇 퍼센트다'라는 확률적 지식으로 정보를 제공한다. 비가 올 확률에 대해 우산을 챙기는 행동은 어느 정도 인간이 정한다. 즉, 비가 올 확률이 80% 이상은 돼야 우산을 챙기는 사람이 있는가 하면 50%만 넘어도 우산을 챙기는 사람이 있듯이, 확률에 따른 대응과 그 기준은 사람마다 다른 것이다. 결국 불확실성은 나쁘지 않다. 이는 학습자의 주체적 사고를 촉진하는 조건이며, 다양한 배경의 학습자들이 협력하여 AI 생성 지식을 비판적으로 재구성하는 새로운 교육 패러다임의 출발점이다.

참고문헌

강국진(2023). 《인공지능이 할 수 있는 것, 할 수 없는 것》. 필로소픽.

김미나(2024.12.2). "멍 때리고 휴대폰 보는 '브레인 롯' … 옥스포드대 올해의 단어 선정". 한겨레. https://www.hani.co.kr/arti/international/international_ge

neral/1170273.html
정민(2011). 《18세기 조선 지식인의 발견》. 휴머니스트.
조인호·조준석(2012). "조직 내 커뮤니케이션 불확실성과 모호성의 차별성: 불확실성과 모호성의 선행변인과 영향에 대하여". 《언론정보연구》, 49(1), 220~258쪽.
Gerlich, M.(2025). AI Tools in Society: Impacts on Cognitive Offloading and the Future of Critical Thinking. Societies, 15(1), 6. https://doi.org/10.3390/soc15010006
Hare, B. & Tomasello, M.(2005). Human-like social skills in dogs?. *Trends in Cognitive Sciences, 9*(9), pp.439~444. https://doi.org/10.1016/j.tics.2005.07.003
Krathwohl, D. R.(2002). A revision of Bloom's taxonomy: An overview. *Theory into Practice, 41*(4), pp.212~218. https://doi.org/10.1207/s15430421tip4104_2
Kruska, D. C. T.(2005). On the evolutionary significance of encephalization in some eutherian mammals: Effects of adaptive radiation, domestication, and feralization. *Brain, Behavior and Evolution, 65*(2), pp.73~108. https://doi.org/10.1159/000082979
Kuhn, T. S.(1962). *The Structure of Scientific Revolutions*. University of Chicago Press.
Kuhn, T. S.(2013). 《과학혁명의 구조》. 김명자·홍성욱 옮김. 까치출판사.
Meincke, L. et al.(2025). ChatGPT decreases idea diversity in brainstorming. *Nature Human Behaviour, 9*(6), pp.1107~1109. https://doi.org/10.1038/s41562-025-02173-x
Morey, D. F.(1994). The early evolution of the domestic dog. *American Scientist, 82*(4), pp.336~347.

Oschinski, M. et al.(2024). *AI and the future of workforce training.* Center for Security and Emerging Technology. https://cset.georgetown.edu/publication/ai-and-the-future-of-workforce-training/

Oxford University Press(2024.12.2). 'Brain rot' named Oxford Word of the Year 2024. https://corp.oup.com/news/brain-rot-named-oxford-word-of-the-year-2024/

Sparrow, B. et al.(2011). Google effects on memory: Cognitive consequences of having information at our fingertips. *Science, 333*(6043), pp.776~778. https://doi.org/10.1126/science.1207745

02

이용후생의 의미

이용후생은 삶에 필요한 사물, 기술, 제도를 '선용(善用)'하여 더 나은 삶의 조건을 만드는 실천 철학이다. 기술을 인간 중심으로 활용하는 지혜를 담고 있는 이용후생의 현대적 해석을 통해, 단순히 효율성을 높이는 차원이 아니라 학습자의 성장과 인간다움을 실현하는 착하고 이로운 기술로서 AI의 역할과 활용 가능성을 탐색한다.

노래하는 AI 보컬?

실학, 세상에 실제로 쓰일 수 있는 학문

"학문이란 별다른 게 아니라 한 가지 일을 하더라도 분명하게 하고, 집을 한 채 짓더라도 제대로 지으며, 그릇을 하나 만들더라도 규모 있게 만들고, 물건을 하나 감식하더라도 식견을 갖추는 것, 이것이 모두 학문의 일단이다"(박종채, 2010: 229). 연암이 아들인 박종채에게 전한 메시지에는 학문하는 사람의 개별적 지적 만족을 넘어 실질적인 삶을 개선하는 학문으로 공동체에 기여해야 한다는 연암의 이용후생 정신이 압축적으로 표현돼 있다. 다시 말해 학문은 책 속의 이론에 머무르는 게 아니라, 일상의 행위 속에서 드러나야 하며, 그 결과가 사회의 유익으로 이어져야 한다는 뜻이다. 즉, 학문은 삶과 동떨어진 추상이 아니라 생활과 연결될 때 비로소 진정한 가치를 갖는다는 점을 강조한 것이다.

연암은 이용후생 관점에서 북학(北學)을 주장한 대표적인 북학파이기도 했다. 북학은 '북쪽 중국의 문명을 배우자'는 의미로 17~18세기 연행단(燕行團)—조선이 청나라의 수도인 연경(燕京, 지금의 베이징)에 정기적으로 파견했던 외교 사절단—파견 등 청나라와의 교류를 통해 청나라의 상공업, 과학 기술, 도시 문화 등을 접해 조선 사회 개혁에 활용하려 했던 흐름이다. 이는 주자학적 명분론에 갇혀 청나라를 오랑캐로만 인식하던 '북벌(北伐, 북쪽 청나라 오랑캐를 정벌하자)'에 대항한 운동으로 현실적으로 청의 실제 위상을 인정하고 배울 것은 배우면서, 동아시아에서 선도적인 문명 발달을 이룬 청의 문물을 본격적으로 수용하자는 실용 논리로 작용했다. 연암이 청나라 여행을 결심한 것도 북학의 연장선으로, 이용후생이 "학문의 목적"이라면, 북학은 이용후생을 실현하기 위한 구체적 방법이자 선진 문물과 제도를 학습하는 실천적 경로였던 것이다.

이용후생과 북학은 조선시대에 발발한 '실학'의 큰 테두리 안에 속해 있다. 16세기 말에서 17세기의 조선은 임진왜란(1592년)과 병자호란(1636년)을 겪으며 국가 재정과 민생이 극도로 피폐해졌다. 당시 주자학 중심의 성리학은 점차 현실과 괴리된 공리공담(空理空談: 실속 없는 공허한 이론과 실천이 없는 담론)에 치우치면서 실제 문제 해결에는 무력함을 드러냈다(윤대식, 2007). 즉, 상품 화폐 경제의 발달과 농업 기술의 변화에도 불구하고 사회는 여전히 양반 중심의 지주-소작 구조로 신분 질서에서 갇혀 있었다. 농업 사회를 전제로 한 성리학적 사회 이념은 사회 · 경제적 변동에 유연하게 대응하지 못해 오히려 모순을 심화시켰다. 이러한 사회 현상은 연암이 청년기에 쓴《허생전》에 잘 드러난다. 소설에는 가난한 선비 허생이 상공업의 원리를 파악하여 매점매석(買占賣惜)-특정 물품을 대량으로 사들여 독점하고 사들인 물품을 가격이 오를 때까지 기다렸다 파는 행위-을 통해 부를 축적하는 과정이 상세하게 묘사되어 있다. 이는 화폐 경제의 원리와 발달에 대한 연암의 관심이 매우 이른 시기에 형성된 것으로 보이며, 이로 인한 신분 질서 개편과 화폐 경제로의 이행을 예감했음을 보여 준다.

그러나 당시 국가의 사회 통치 이념이었던 성리학적 명분론-각자의 신분과 위치에 맞는 역할과 의무로 사회 질서가 유지된다는 논리-은 계층의 분화와 상업의 확대 현상 등을 해결할 실질적 수단을 제시하지 못했다. 오히려 양반 특권을 정당화하는 논리로 쓰이며 사회 분열을 야기하는 측면이 있었다. 이러한 위기의식 속에서 실학이 대두되었다(이경구, 2020). 18세기에 이르러 실학은 현실 경제 · 농업 기술 · 과학 · 상공업 · 토지 제도 개혁을 중심으로 하는 실천적 학문으로, 연암을 비롯한 개혁적 선비들의 각성을 통해 이론과 실천의 통합을 지향하는 학문적 탐구 경향으로 이어졌다(이시우, 2023). 이 때문에 "실학사상에는 한 시대의 문명 극복이라는 당면한 문제를 성찰하고 앞으로 나아갈 길을 탐구하는 매개체가 내장되어 있다(임형택, 2014: 9)"라는 평가를 받는 것이다. 조선이 근대로 이행하는 과도기에서 실학은 지식인들의 학문이 직접적인 사회 개혁으로 연결되는 강력한 동력 역할을 담당했다.

이용후생의 개념과 확장

실학이라는 문명 극복 사상의 자장 속에서 탄생한 이용후생은 구체적인 생활에의 적용에 초점을 맞춘 방법론이 강조된 실학사상이다. 즉, 아무런 기능도 없어 보이는 사물을 어떻게 생활에 적용할 수 있는지 속속들이 파고들어 깊게 연구하면 생활에 유용한 도구로 변모시킬 수 있다는 연암의 생각이 각인된 사상이다. 열하 기행에서 연암의 마음을 끌었던 것은 청나라의 웅장한 성곽과 화려한 연못, 궁실과 누각, 자연 경관의 환상적인 풍광이 아니었다. 연암은 중국의 장관은 "깨진 기와와 냄새나는 똥거름에 있다(박지원, 2013: 253)"라고 했을 만큼 작고 하찮아 보이는 것이라도 그것의 쓰임새와 파장이 일상생활의 변화와 진보를 가능하게 한다는 점에 주목했다. "기와 조각은 버리는 물건이지만 담을 쌓을 때 쪼개진 기왓장을 두 장씩 마주 놓아 물결무늬를 만들면 기와 조각들이 서로 맞물려 만들어진 구멍으로 영롱한 빛이 안팎으로 마주 비친다", "똥오줌이란 세상에서 가장 더러운 물건이나 이것이 밭에 거름으로 쓰일 때는 금싸라기처럼 아끼게 된다"라고 한 연암의 통찰은, 사물의 본질적 가치가 고정되어 있지 않으며, 맥락과 용도에 따라 새롭게 재구성될 수 있음을 보여 준다. 실용적 쓰임새를 통해 사물의 가치를 재발견하려는 이용후생의 핵심 정신이 드러나 있다.

이용후생(利用厚生)은 '이로울 이(利)', '사용할 용(用)', '두터울 후(厚)', '생활 생(生)'으로 이루어져 있다. '이용(利用)'은 생산에 쓰이는 도구나 기계 등을 실용적으로 연구하여 생산력을 극대화하자는 과학적 행위가 반영된 것이었고, '후생(厚生)'은 이 같은 과학적 방법을 통해 일반 백성들의 삶을 윤택하게 만들어 보자는 경제적 관심이 반영된 것이다(오수경, 2013:351). 그러나 궁극적으로 연암이 추구한 이용후생은 단순히 기술적 효율성이나 경제에만 국한되지 않았다. 도구의 똑똑한 활용을 통해 모든 백성이 물질적 풍요뿐만이 아니라 정신적으로도 넉넉하고 풍요로운 삶을 살도록 하는 것, 각자 인간으로서의 존엄과 행복이 보장되는 사회를 만들기 위한 도덕과 실용을 통합한 사상이었다.

이용·후생·정덕, 실용적 휴머니즘

이용후생이란 용어는 원래 《서경(書經)》 〈대우모(大禹謨)〉에서 비롯되었다. 이에 따르면 좋은 통치자는 백성의 덕을 바로잡고(정덕 · 正德), 물질과 재화를 넉넉하게 하고(이용 · 利用), 삶을 윤택하게 한다(후생 · 厚生). 따라서 정덕, 이용, 후생은 군주의 선정 결과이자 바른 정치의 결과다. 여기서 정덕, 이용, 후생은 순서를 두지 않고 조화를 이루는 가치 개념이었다. 그러나 조선의 성리학자들은 정덕을 군주의 덕으로 연결하고 백성을 다스리는 효과를 이용과 후생에 연결하는 논리를 펼쳤다(이경구, 2013: 111~112).

연암은 이러한 해석을 뒤집어 이용과 후생 후에 정덕이 가능하다는 주장을 펼친다. 중국으로 들어가는 초입인 압록강을 건너 중국의 정비된 상점과 개량된 농업 환경을 본 연암은 "아하! 제도가 이렇게 된 뒤라야만 비로소 이용이라고 할 수 있고, 이용을 한 연후라야 후생을 할 수 있고 후생을 한 후에야 정덕을 할 수 있겠다. 쓰임을 능히 이롭게 하지 않고서는 삶을 두텁게 하는 건 드물다. 삶이 이미 스스로 두텁게 하기에 부족하다면 또한 어찌 자신의 덕을 바로잡을 수 있겠는가(박지원, 2013: 69)"라고 했다. 이용한 후에라야 후생할 수 있고, 후생한 후에 정덕할 수 있다고 순서를 바꿨으나 당시 정덕이 지나치게 우선시된 사회상을 고려하여 이용후생만이 강조된 것으로 보인다. 전쟁 이후 경제 피폐, 빈곤, 기술 낙후 등 실질적 생존 문제가 시급한 상황에서 백성들의 먹고사는 문제를 해결하지 않고는 배고픔과 가난에 시달려 예의와 도덕도 무너질 수 있다는 사회 위기가 반영된 것이었다.

다시 말해서 연암의 이용후생은 정덕을 부정한 것이 아니라, 이용후생이 곧 정덕으로 이어진다는 현실적 판단에 기초했다. 백성의 실질적 삶 개선이야말로 진정한 도덕의 토대로 인식한 것이다. 따라서 이용후생은 단순히 경제적 풍요만을 추구하는 것이 아니라, 물질적 기반이 마련되어야만 백성이 정덕(正德), 즉 바른 도덕과 윤리를 지킬 수 있는 탄탄한 사회적 기반이 마련될 수 있다는 뜻이 내포돼 있다. 반듯하게 닦여 수레가 다니는 중국 거리를 보며 "우리나라는 수레가 없어 모든 사람이 짐을 짊어지니 백성은 수고롭고 힘이 다하며, 나라의 재력도 덩달아 고갈된다. 수레 하나만 있으면 백 명이 나를 짐도 쉽게 옮길 수 있는데, 변통할 줄 모르고 옛 제도만 고집하니 통탄할 일이다(박지원, 2013)"라고 했다. 수레를 단순히 빠르고 편리한 수단으로만 보지 않고 무거운 짐을

지고 고생하는 백성의 모습에 대한 연민과 '사람을 도구처럼 부리는 것'에 대한 문제의식이 드러난다. 우리나라의 지형이 산이 많고 험준해서 수레를 사용할 수 없다는 이유로 국가에서 수레를 사용하지 않는 문제에 대해서는 '길이 닦이지 않았을 뿐'이라며 "수레가 다니게 되면 길이 절로 뚫린다(박지원, 2013: 279)"고 했다. 이처럼 이용후생에는 문물이 발달한 인간적 사회를 추구하는 정신이 담겨 있다. 이는 인간의 길(도덕)과 삶(생활)을 분리하지 않고 '어떻게 살 것인가'로 통합하는 것이다. 결국 이용후생은 현실 문제를 인간적 삶의 관점에서 해결하려는 실용적 휴머니즘이라고 할 수 있다.

이용후생의 현대적 의미

인간다운 삶을 위해 이용후생을 실천하고자 했던 연암의 정신은 AI를 착하고 이로운 기술로 활용하는 방향을 제시한다. AI가 학습자의 성장과 인간다움을 실현하는 교육적 도구로서 활용될 수 있는 방안을 모색하는 데 중요한 실마리가 될 수 있기 때문이다. '착한 기술'은 단순히 기술을 개발하고 사용하는 것을 넘어, 그로 인해 발생하는 문제까지도 인간 중심으로 해결하는 포괄적 의미의 기술을 포함한다. "기술을 사용하는 사회 공동체의 정치적, 문화적, 환경적 조건을 고려하여 해당 지역에서 지속적인 생산과 소비가 가능하도록 만들어진(김정태·홍성욱, 2011: 4) '적정 기술(Appropriate Technology)'과도 같은 맥락이다.

AI를 이용후생의 관점에서 활용하기 위한 핵심이 사물과 도구의 본질 파악인 것처럼, AI의 본질이 무엇이고 인간의 사고를 보조하고 창의적 아이디어를 촉진하는 도구로서의 가능성과 한계를 파악하는 것이 중요하다. 현재 AI가 제공하는 지식과 정보는 과거에 비해 양적·질적으로 비약적인 발전을 이루었다. 그러나 그 정보의 정확성을 무조건 신뢰하기는 어렵다. 미세한 오류가 발생하거나 맥락이 조금만 달라져도, 그 영향은 생각보다 훨씬 크다.

만약 학습자가 AI가 생성한 내용을 맹목적으로 받아들이고, 추가적인 사실 확인을 통해 이를 보완하지 않는다면, 왜곡된 학습 결과를 초래할 수 있다. 그리고 AI가 사용자의 질문 '맥락'을 잘못 이해했는데도 사용자가 이를 파악하거나 점검하지 않는다면, 학습 과정에서의 성찰의 경험(기존 지식과 새로운 지식의 결합으로 인한 문제 재구성, 의미 발견)에 오류가 생길 수 있다. 그러므로 학습자가 AI의 한계를 인식하고 학습에서 사용 시 AI의 장점을 극대화하기 위해서는 학습자 스스로 문제에 대한 명확한 인식, 비판적 사고력, 정확성 검증 의지, 맥락 이해, 자기 주도성, 자신의 이해 수준을 점검하고 수정하는 능력 등을 갖추어야 한다.

예를 들어 AI 엔진을 효과적으로 활용하려면, 사용자의 프롬프트가 무엇보다 정확해야 한다. 이를 위해 먼저 '내가 왜 알고 싶은가'라는 앎의 동기와 '이 지식을 어디에 활용할 것인가'라는 앎의 목적을 명확히 해야 한다. 그리고 난 뒤에는 반드시 AI가 생성한 내용에 대해 의문을 제기하고, 비판적으로 검토하며, 이전에 생각하지 못한 부분에 대해 추가로 질문해야 한다. 이러한 과정이 뒤따를 때 AI는 단순히 즉각적인 답을 제공하는 '편의성의 도구'를 넘어, 학습자의 진정한 학습과 성장을 이끄는 동반자 역할을 할 수 있게 된다.

결론적으로, AI를 유익한 도구로 활용하기 위해서는 인간인 우리가 먼저 해야 할 일이 있다. 컴퓨터를 켜기 전에 '내가 왜 궁금한가', '그 궁금증을 해결하면 무엇이 달라질까', '이 지식을 어디에 활용할 수 있을까'를 스스로 성찰해야 한다. 이러한 인식과 태도가 선행될 때, 우리는 표면적인 정보의 축적을 넘어, 자신의 성장을 이끄는 '자기다운 학습 경험'을 얻을 수 있다. 이것이 곧 지식의 이용후생이다.

참고문헌

김정태·홍성욱(2011). 《적정기술이란 무엇인가》. 살림출판사.
박종채(2010). 《나의 아버지 박지원》. 박희병 옮김. 돌베개.
박지원(2013). 《열하일기 1》. 김혈조 옮김. 돌베개.
오수경(2013). 《연암그룹 연구》. 월인.
이경구(2013). 《조선 후기 사상사의 미래를 위하여》. 푸른역사.
이시우(2023). 연암(燕巖) 박지원(朴趾源)의 이용후생과 실학정신. 《율곡학연구》, 54, 183~209.
임형택(2014). 《21세기에 실학을 읽는다》. 한길사.

03
'사이'의 통찰

패러다임 변화에는 기존 사유 체계를 해체하고
새로운 지식을 발견하는 교육 방법적
실천으로서 '사이'의 인식론이 요구된다.
이것과 저것의 이항 대립적 판단을 지양하는
'사이'의 통찰은 낡음과 새로움의 경계에서
주체적 선택과 비판적 수용의 인식적 토대이자,
창조적 재구성이 필요한 다원화된 사회 모든
경계에서 꽃피는 배움의 조건이다.

인공지능과 편향?

'사이'에서 헤아리기

"맹인(시각 장애인을 일컫는 옛말)이 한낮에 비단옷을 입고 있는 것과 눈이 잘 보이는 사람이 컴컴한 밤길에 비단옷을 입고 가는 걸 비교하면 누가 나을까"라는 제자들의 질문에 청허 선생은 '모른다'라고 답한다(유금, 2006: 17). 황희 정승의 딸과 며느리가 이가 옷에서 생기는 건지 살에서 생기는 건지를 두고 옳고 그름을 다투자, 황희 정승은 양쪽 모두 옳다고 말한다. "이는 살이 없으면 생겨날 수 없고, 옷이 없으면 붙어 있지 못하니 두 사람의 말이 모두 옳다. 그렇긴 하나 농 안의 옷에도 이는 있으며 너희들이 옷을 벗어 놔도 가려움은 여전할 테니 이란 놈은 땀내가 푹푹 찌는 살과 풀기가 물씬한 옷, 이 둘을 떠나 있는 것도 아니고, 또 이 둘에 붙어 있는 것도 아닌 바로 살과 옷의 '사이'에서 생긴다고 해야겠지"(유금, 2006: 16).

위의 글은 연암이 절친한 벗인 유금(柳琴, 1741~1788)의 시집 《말똥구슬》에 써준 서문이다. 유금은 수학, 공학, 천문학에 능통한 과학자이자 시와 음악을 겸비한 만능 예술가로 평생 관직에 나가지 않고 연암의 지식공동체 일원으로 연암과 교류한 조선의 문인이다(한국학중앙연구원, 2025.10.5 검색). 일반적으로 서문은 작가를 소개하고 작품을 해설하는 것이지만 연암은 자신의 벗들과 제자들에게 고정된 형식을 깬 파격적인 서문을 써 주었다. 그래서 지인들의 작품 서문에는 작가의 개성을 꿰뚫어 본 연암의 독특한 시각이 문학적으로 드러난 경우가 상당수 있다. 그중에서도 유금의 《맑똥구슬》 서문에는 연암의 '사이'의 사유 방식이 직접적으로 드러나 있다. 이 서문에는 연암의 '사이'에서의 사유와 통찰을 주제로 짧은 우언 형식의 이야기들을 제시한다.

나막신과 가죽신을 각각 짝짝이로 신은 임백호란 이가 말을 타려는데 마부가 '짝짝이'라고 지적한다. 그러자 "길 오른쪽에서 보는 사람은 나막신을 신었다고 할 것이고, 길 왼쪽에서 보는 사람은 가죽신을 신었다고 할 것인데 뭐가 어떤가!"라고 말하고는 "보는 방향에 따라 나막신이나 가죽신을 신었다고 분명하게 분간할 수 없으므로 진실로 바로 본다는 것은 그 '중(中)'에 있다(유금, 2006: 17)"라고 했다. 보는 방향에 따라 오른쪽과 왼쪽은 다르게 인식될 수 있는 데도 한 방향에서 본 부분적 사실만으로 전체를 추측하게 되면 애초에 신발을 짝짝이로 신은 것조차 알 수 없다. 이는 한 측만을 보고 전체를 판단함으로 성급한 일반화의 오류(hasty generalization)에 빠질 수 있다. 그러므로 진정으로 옳은 의견은 모든 측면을 다 살필 수 있는 '사이[中]'에서 실체적 진실을 찾는 것이다.

다시 말해 연암에게 옳고 그름은 그 자체로 판단되는 것이 아니라, 옳음과 그름의 사이의 경계를 정밀하게 관찰한 끝에 발견할 수 있는 진실이다(박수밀, 2014: 411). 즉, 사물을 분별하는 참다운 능력은 옳고 그름을 따지는 그 자체에 있지 않다. 그보다는 기존에 고수해 온 관점, 사회적 상황, 계급적 위치 등 다양한 조건에 따라 세상이 다르게 인식될 수 있음을 인정하는 데서 출발한다. 연암이 보기에 진실은 옳다는 믿음과 틀렸다는 판단의 '사이'에 있으며, 이에 따라 진리 탐구는 '사이'에 숨은 무수한 가능성을 헤아리는 것이다.

연암은 앞을 볼 수 없는 사람이 휘황찬란한 비단옷을 입은 것과, 아무도 알아봐 주지 않는 한밤중에 홀로 비단옷을 입고 나가는 것 둘 중 무엇이 더 좋은지 딜레마로 설정해 놓고 '알 수 없다'라고 이야기를 마친다. 이가 어디에서 생기는지에 대해서도 이야기 속 해결자로 보이는 황희 정승은 명확한 답을 내놓지 않는다. 딜레마는 양극단 중 하나를 선택함으로써 명쾌한 판단으로 해결되는 게 아니다. 오히려 알 수 없다는 유보의 태도를 통해 특정한 기준에 의해 인식이 고착화 되는 것을 경계한다.

딜레마 해결에서 중요한 것은 일면적 판단과 선택에 의한 빠른 확정이 아니다. 다면적 사고를 통해 다양한 가능성을 고려하고 이를 방해하는 조건들에 대해 의문을 형성하는 과정과 여러 측면에서 헤아리기를 통해 사고의 깊이와 확장을 지속하는 것이다. 여기서 '헤아리기[測]'는 단순히 상황의 모호성을 극복하려는 임의적 판단이나 피상적 관찰이 아니다. 기존의 관념과 편견을 벗고 상황과 조건을 입체적으로 관찰하며 변화를 응시하는 것이다.

"저 까마귀를 보라, 그 깃털보다 더 검은 것이 없건만 홀연 유금빛(乳金, 우유처럼 흐린 황금빛)이 번지기도 하고 다시 석록(石綠)－돌에서 나온 광물성 녹색, 청록빛－이 반짝이기도 하며 해가 비추면 자줏빛이 떠올라 눈이 어른거리다가 비췻빛으로 바뀐다. 그렇다면 내가 그 새를 푸른 까마귀라 불러도 될 것이고, 붉은 까마귀라 불러도 될 것이다. 그 새에게는 본래 일정한 빛깔이 없거늘, 내가 눈으로써 먼저 그 빛깔을 정한 것이다"(박지원, 2012: 62). 연암은 까마귀를 가리켜 "홀연 유금(乳金) 빛이 번지기도 하고 다시 석록(石綠) 빛을 반짝이기도 한다"면서 검정이 수많은 색을 품고 있다는 점을 표현하고 있다. "까마귀가 과연 검기는 검다. 그러나 누가 다시 이른바 푸르고 붉은 것이 그 빛깔[色] 가운데 깃든 빛[光]인 줄 알겠는가? 검은 것[黑]을 일러 어둡다[闇]고 하는 자는 단지 까마귀를 알지 못하는 것일 뿐 아니라 검은 것도 알지 못하는 것이다. 물은 검기[玄] 때문에 능히 비출 수가 있고 칠(漆-옻칠)은 검은[黑] 까닭에 능히 거울이 될 수가 있다"(박지원, 2012c: 62). 이에 대해 정민(2010)은 연암은 "색깔 속에는 다양한 광채가 숨어 있고 하나의 모양에는 수없이 많은 형태가 깃들어 있음을 간파한다. 색(色)과 모양[形]만 가지고 사물을 판단하지 않고 그 속에 깃든 광(光)과 태(態)를 읽어야 한다(정민, 2010: 28~29)"는 것을 강조했는데 이는 '헤아리기'의 의미로도 볼 수 있다.

이항 대립적 관점 탈피

일면적이고 확정적인 판단이 위험한 것은 삶 자체가 끊임없이 변화하고 어느 하나로 규정할 수 없는 다면적인 속성을 가졌기 때문이다. 연암은 여러 사상이 충돌했던 혼란의 시기에도 다양한 사상을 비판적으로 수용하여 이를 조선 현실에 적용할 방안 모색에 집중하였다. 여기에 연암 특유의 '사이'의 통찰이 핵심적 사유 틀로 작용하였다. '사이'의 통찰은 사물을 있는 그대로 볼 수 있고, 현상과 사물을 있는 그대로 받아들임으로써 이항 대립적인 판단을 지양하고 개방적 상태를 지향한다.

그러나 눈앞의 현실을 있는 그대로 인식하는 데 가장 큰 방해 요인은 기존에 가지고 있는 선험적 가치 체계다. 삶의 시간은 한순간도 정지하지 않는데 그 속에서 지난 경험에 기초한 가치관을 고수하면 이는 새로운 상황에서 선입견(preconception)이 되기 쉽다. 선입견은 사태 파악에 편견(prejudice, bias)으로 작용하여 상황을 균형 있게 파악하지 못하게 한다. 그리고 이러한 사고 체계가 반복되면 고정관념(stereotype)으로 고착된다. 이러한 부정적 사고의 순환 고리는 상호 대립적인 이분법적 사고에서 시작된다. 세상의 모든 사물과 관계를 중심부와 주변부, 주체와 객체, 주류와 비주류 등으로 인식하는 이항 대립적 사고에서 시작되며, 그 기저에는 사고의 다양성을 막는 절대적인 구분 기준이 존재한다.

이와 같이 이항 대립적 판단은 '결과' 중심적 사고라고 할 수 있다. 이에 비해 '사이'에서의 통찰은 개방된 상태에서 주체의 사고를 촉진하는 '과정' 중심적 사고다. 즉, 연암의 '경계[연암이 언급한 際를 번역한 것임(김혈조, 2015)]', '사이[間]'에서의 사유는 '이것 아니면 저것'으로의 고착이나 '이것과 저것'의 이항 대립을 벗어나 앎을 구성하는 모든 가능성이 연결된 탐색의 전 과정을 의미한다. 연암이 인식한 세계는 확연하게 구획되는 단절된 세계가 아니라 '사이'를 매개로 연결된 세계이며, '사이'의 확장으로 다양한 다름의 가치가 인정되는 열린 세계다. 열린 세계는 다면적이고 복잡한 세계이기도 하다. 즉, 하나의 정답으로 모든 걸 설명할 수 없다. 따라서 정답을 찾기 위해 임의로 결론을 내리거나 해결책을 만들기보다는, 계속 질문을 던지며 해결책을 구해 나가는 탐구하는 태도가 필요하다(고미숙, 2007: 331).

이항 대립적인 이분법적 사고는 표면적으로는 명확하고 빠른 판단을 가능하게 하는 것처럼 보이지만, 복잡한 상황에서는 임의적 판단을 일으켜 상황을 더욱 모호하게 하는 오류를 낳을 수 있다. 따라서 이항 대립적 사고 구조에서 벗어나기 위해서는 양극단 어느 한쪽을 선택하기보다는, 그 사이의 '경계'에서 상황에 집중하거나 조망하는 태도가 필요하다. 마치 눈에 힘을 준 뒤 점차 초점을 풀면 이전에는 보이지 않던 실루엣이 드러나는 '매직 아이'처럼, 양극단으로 구분하는 판단의 기준이 흐려지면 '사이'가 확장되고 다각적인 국면으로 사태를 바라볼 수 있다. 특정한 지점으로 인식이 집중되지 않도록 인식의 초점을 흐림으로써(focus-out) 특정한 관점이나 의

도를 지양하거나 에포케(epoché)와 같이 주어진 사태에 대한 판단의 효력을 중지시키는 것(박승억, 2009: 18)과도 유사하다.

이와 같이 이항 대립적 사고는 확고부동한 생각의 기준이 작동된 결과다. 확정된 진리를 주장하는 순간 사고는 닫히고 진부해지며 새로운 발견의 가능성이 차단된다. 지금의 지식은 늘 잠정적이기 때문에(Harari, 2015: 360), 우리는 계속 배우고 또 배운 것을 계속 수정하고 보완할 준비가 되어 있어야 한다. 즉, 열린 탐구 정신을 잃지 않는 것이 중요하다. 그러므로 '이것이 정답이다'라고 가르치고 '이것이 옳은 방법이다'라고 설득하는 것은 미래를 대비하는 교육이 될 수 없다. 정해진 답을 찾기보다는 자신이 처한 상황과 조건을 통찰해 가장 적합한 해결 방안을 찾아냄으로써 첨단 융합 기술 시대에 가장 필요한 역량으로 지목된 복합적인 문제 해결 능력을 향상하고 활용할 수 있다.

경계에서 꽃피는 배움의 조건

지식 탐구에서 양 극단적 선택이나 상호 대립적 시각은 극복의 대상이며 '사이'는 수많은 가능성을 발견함으로써 창의적인 사고를 실현하는 원천이다. 생성형 AI의 출현 이후 창의성은 인간 우위 능력의 상징처럼 여겨져 왔다. 창의성은 단순히 새로운 아이디어를 떠올리거나 새로운 것을 만드는 능력이 아니다. 교육적 관점에서의 창의성은 문제를 해결하기 위한 새로운 접근법을 제시하고, 기존 지식을 융합하며, 가치 있는 결과를 만들어 내는 힘을 길러주는 교육 활동으로 정의된다(Zhan et al., 2024).

일반적으로 창의성이란 개념은 다소 추상적 느낌이 강하다. 이는 창의성에 두 가지 개념이 혼합되어 있기 때문이다. 하나는 독창성을 '타고난 천재의 창의성'으로 정의하는 전통적 개념인 인문 · 예술에서의 창의성이고, 다른 하나는 다양한 요소들을 연결하고 바꾸고 혼합하는 가운데 관점 전환 또는 발견, 새로운 시각으로 접근하는 과학 · 기술의 창의성이다(이시한, 2024: 35). 이와 같은 창의성의 두 가지 측면은 AI와 활발히 결합하고 있다. AI가 예술 작품을 창작하면서 전통적 의미의 창의성을 발휘한다는 주장이 설득력을 얻고 있고(Zhou & Lee, 2024), AI가 인간의 창의성을 촉진한다거나(Eapen et al., 2023: 3~4), 인간의 창의성과는 구별되는 인공 창의성(Artificial creativity)을 가지고 있다는 주장도 제기되고 있다(Runco, 2025). 이러한 흐름 속에서 AI와 결합한 인간의 창의성에 대한 인식이 전환되고 있고 앞으로도 창의성에 대한 정의와 인식의 전환은 계속될 것으로 보인다.

최근에는 AI가 독창적인 결과물을 낼 수 있도록 과업의 방향성을 제시하면 이에 맞는 프롬프트를 입력하고 AI가 낸 결과물에 대한 선별과 편집을 통해 새로운 의미를 창출하는 차원의 창의성도 대두되고 있다(이시한, 2024: 288). AI와의 협업을 통해 기존 창의성을 증강시키는 창의성이라고도 할 수 있겠다. 따라서 이용후생적 관점에서 AI 교육 전환 시기의 창의성은 AI의 특성과 본질을 잘 이해하여 활용함으로써 인간의 지식만으로는 생각하지 못한 방향으로 새롭게 지식을 만들고 활용하는 능력으로 정의된다. 이는 AI와 함께 분야와 영역을 횡단하고 융합하며 지식과 지식 '사이'에서 앎을 추구하는 태도다. 따라서 '사이'의 통찰은 삶의 총체적 측면을 통합적으로 인식함으로써 새로운 생각과 창의성을 이끄는 경계에서 꽃피는 다양한 배움의 조건이자 융합 교육 현장에서 탐구 방법과 실천을 견인하는 교육철학이다.

참고문헌

고미숙(2007). 《열하일기, 웃음과 역설의 유쾌한 시공간》. 그린비.

김혈조(2015). 境界人의 고뇌 - 燕巖 朴趾源. 《대동한문학》, 42(42), 279~313.
박승억(2009). "현상학적 판단중지와 가능 세계". 《철학과 현상학 연구》, 43, 1~23쪽.
박수밀(2014). "〈도강록(渡江錄)〉에 나타난 경계의 인식론". 《한국한문학연구》, 56, 393~422쪽.
박지원(2012). 《연암집(하)》. 신호열·김명호 옮김. 돌베개.
유금(2006). 《말똥구슬》. 박희병 옮김. 돌베개.
이시한(2024). 《AI 시대 창의적 인간》. 알에이치코리아.
정민(2010). 《비슷한 것은 가짜다》. 돌베개.
한국학중앙연구원. "한국역대인물 종합정보시스템". http://people.aks.ac.kr/index.aks
Eapen, T. T. et al.(2023). How generative AI can augment human creativity. Harvard Business Review. https://papers.ssrn.com/sol3/papers.cfm?abstract_id=4759930
Harari, Y. N.(2015). *Sapiens: A brief history of humankind.* Harper. 조현욱 옮김(2015). 《사피엔스》. 김영사.
Runco, M. A.(2025). Updating the Standard Definition of Creativity to Account for the Artificial Creativity of AI. *Creativity Research Journal,* 37(1), 1~5. https://doi.org/10.1080/10400419.2023.2257977
Zhan, Z. et al.(2024). How does problem-solving pedagogy affect creativity? A meta-analysis of empirical studies. *Frontiers in Psychology, 15.* https://doi.org/10.3389/fpsyg.2024.1287082
Zhou, E. & Lee, D.(2024). Generative artificial intelligence, human creativity, and art. *PNAS Nexus, 3*(3), pgae052. https://doi.org/10.1093/pnasnexus/pgae052

04
유목적 사고

4차 산업혁명 이후 가장 큰 사회 변화의 특징은 변화의 전모를 확실하고도 온전히 파악하기 어려운 불확실성의 확대다. '정착지를 이탈하는 유목민'처럼 미지의 세계에 대한 호기심과 탐구, 모험 정신은 미래 교육의 덕목으로 인정될 것이다. 유목적 사고는 AI가 불러온 교육 현장의 불확실성을 해소하는 지식 탐구의 유효한 방식이 될 수 있을까.

청각장애인과 AI?

닫힌 사회에서 열린 세계로의 모험

연암은 당시 사회의 사상적 충돌과 전복을 통해 시대 변화의 징후를 인식했다. 서학(西學)－18세기 조선에 유입된 서양 학문과 천주교 등의 종교 통칭－과 불교 등 다양한 학문과 사상을 두루 섭렵하고 폭넓게 공부했으나 특정 사상이나 학파의 입장을 추종하거나 사상적 이론을 계승하는 데는 관심이 없었다. 오히려 연암에게 외부로부터 유입된 다양한 사상 연구는 사적 학문 체계를 정교화하는 지적 탐닉이나 학문적 만족이 아니라 세계를 해석하고 변화시키는 지침이자 인간적 삶을 위한 실천에 통찰을 제공하는 도구였다.

시시각각 변하는 세계를 해석하고 조선 사회의 미래를 예측하려면 학문과 사상 탐구만으로는 부족했다. 동시대 주변 국가들의 변화도 함께 살펴야 했다. 연암이 중국 여행에 나섰던 것도 바로 이러한 의도와 호기심을 해결하고자 한 적극적인 실천력 때문이었다. 열하 기행은 1780년 음력 5월 25일에서 10월 말까지의 총 5개월간 한양에서 출발해 압록강을 건너 중국의 요동 반도와 심양, 만리장성, 북경을 거쳐 열하까지 갔다가 돌아온 긴 여정이었다. 벼슬을 하지 않았던 연암이 연행단에 합류할 수 있었던 것은 영조의 사위였던 팔촌 형 박명원의 배려 덕분이었다. 박명원은 연행단의 우두머리 격인 정사(正使)였고 연암은 정사의 친인척을 개인 수행원으로 대동할 수 있는 '자제군관(子弟軍官)' 자격으로 연행단에 동행하게 된다.

직접 중국을 돌아보는 기회가 생기자, 연암은 지필묵 위주의 단출한 여행 준비를 마치고 중국 여행길에 나선다. 연행 도중 길가에 멈추거나 말 위에 앉아서, 술집이나 우연히 들른 상갓집에서도 열심히 기록했다. 홍대용, 박제가, 이덕무 등 이미 상당수 연행을 경험한 벗들의 연행록을 통해 미리 숙지한 정보를 바탕으로 현장에서 관찰한 것들을 날짜별로 장소와 여정별로 상세하게 기록했다. 또한 공식 일정뿐만 아니라 비공식 일정에서 만난 중국의 지식인층과 필담을 통해 사회 · 정치 · 문화 등 다양한 분야에 대해 깊이 있는 대화를 나눴다.

연행의 목적과 동기가 분명했기 때문에《열하일기》에는 여정 내내 적극적으로 관찰하고 유머러스한 소통으로 자유롭게 대화하는 개방적인 연암의 인간적 면모와 날카로운 시선으로 타국의 제도와 문물에 관해 비판적으로 사고하는 개혁적 지식인의 모습이 가득하다. 또한 다채로운 형식으로 연암의 주관적 느낌, 개방적이고 주체적인 세계관, 호쾌한 개인적 성품과 모험적 기질 등이 흥미롭게 드러나 있다. 따라서 《열하일기》는 "여행 후일담의 수준을 뛰어넘는 뚜렷한 목적의식 하에 기획된 저술"(리쉐탕, 2012: 246), "일기체로 쓰여진 여행기, 논리적 구조로 된 학술 저술, 사상적 소고, 미학적 문예 작품 등 어느 한 가지로 규정하기 어려운 연암만의 개성적인 저작"(임형택, 2009: 155), "복합적 장르로 우언과 풍부한 형상화로 인간과 공간을 새롭게 창조하고 삶과 제도를 성찰한 특별한 여행기이자 문명과 인간의 본질을 예리하게 파헤친 심오한 사상서(박수밀, 2020: 6)"로 평가받는다. 그러나 무엇보다도 《열하일기》에서 주목할 점은 어떤 생애 시기보다 해방적인 사유와 행동으로 동서양 문물이 교차하는 중국이라는 열린 세계를 모험하는 유목민으로서 연암의 모습이다.

정착지를 이탈하는 유목민

연암은 직무 수행에서 자유로운 비공식 수행원 신분이었기 때문에 청나라의 문물을 더욱 깊이 있게 관찰할 수 있었다. 곧게 뻗은 큰길로만 지나치는 연행단의 여정으로는 청나라의 일상생활을 세밀하게 관찰하기 어렵다고 판단한 연암은 빈번하게 연행단 일행을 이탈해 길과 길 사이의 샛길로 '횡단'하며 자유롭게 청의 구석까지 탐색했다. 연암이 정해진 일정에서 이탈하여 끊임없이 새로운 경험을 할 수 있었던 것은 격식이나 관습에 얽매이지 않는 자유분방한 행동과 추진력 때문이다.

유목민(nomad)은 고향이나 목적지가 없이 계속 '떠남'을 반복한다. 늘 정착지를 이탈하는 유목민에게 낯선 상황은 익숙한 일상이다. 유목민은 태어난 '고향'에서 벗어나 있으면서 동시에 현재 발 딛고 있는 곳에도 소속되지 않은 경계인(in-betweener)의 특성을 갖는다. 또한, 자신이 몸담아온 문화권을 벗어나 이질적인 삶의 장에 발 딛고 있는 이방인(stranger)의 특성도 지닌다. 경계인은 이쪽에도 저쪽에도 속하지 않음으로써 고정된 정체성에서 이탈하여 자유로운 정체성을 가진다. 이방인은 해당 집단의 구성원들이 가진 문화 · 역사적 전통에 기초하고 있지 않기 때문에 객관적 시각을 유지할 수 있다(木田 元 외, 2011: 288). 특히 이방인이 갖는 객관적 시각은 미리 정해진 인식, 이해, 평가 등으로부터 자유로워(김애령, 2008: 179 재인용), '자기'라는 판단의 준거 또는 사유의 거점에서 벗어나 편견과 선입견 없이 객관적 시각으로 사태를 탐구하게 한다(Greene, 2007: 426).

이방인으로서 연암은 외부자로서 낯선 감각으로 이질적인 세계 속에 완전히 동화되지 않은 채 경이로운 시선으로 청나라 내부를 관찰했다. 연암은 북경의 한 누각에서서 "내가 아닌 남의 처지에서 나를 살펴보아 나라고 하는 사람이 만물과 조금도 다를 바 없다고 느껴져야, 장차 몸놀림이 자유로워져서 여유가 있고 거리낌이 없을 것(박지원, 2013: 438~439)"이라고 했다. 이는 이방인의 시각이 다른 존재의 시각으로 자신을 비추어 보고 다른 존재와의 관련성 속에서 자기 존재를 객관적으로 바라보는 존재 인식에까지 반영됨을 보여 준다. 일반적으로 경계인과 이방인은 불확실한 소속과 불안정한 상태 때문에 부정적으로 인식되기 쉽다. 그러나 연암에게 경계인과 이방인이 가진 정체성과 특성은 낯선 환경 속에서 신선한 시각을 유지하며, 미지의 세계에 대한 강한 호기심과 탐구 의지를 모험 정신으로 발현할 수 있는 존재적 기반으로 작용했다.

처음 보는 중국의 자연 환경, 생소한 풍습, 갑작스러운 일정 변경, 현지인들과의 우연한 만남 등은 예측할 수 없는 낯선 경험들이다. 이러한 경험들은 여행자를 당황스럽고 피곤하게 만들며 불편감을 초래하기도 한다. 여행자는 여행이 끝나면 집이라는 정착지로 돌아오는 자다. 이에 비해 정착지를 계속 이탈하는 유목민에게 낯선 환경은 호기심을 유발하는 일상의 공간이다. "유목민은 일정한 법칙이나 정해진 노선에 얽매이지 않고 소유지, 울타리, 척도가 없는 열린 공간에서 쉬지 않고 이동하며 경계를 파괴한다"(Deleuze, 2004: 104). 이러한 경계 파괴의 유목성은 동시에 경계를 확장하는 자유정신이기도 하다.

유목성, 유목적 사고

연암은 청나라의 골목을 누비며 정해진 길이나 공식 일정 이외에도 자기만의 여정을 만들며 자처해서 바쁘게 움직였다. 어느 날 민가를 지나다 장례를 치르는 집을 발견한 연암은 상가에 들어선다. "갑자기 악기 소리가 진동해 두 귀가 먹을 것 같아 멈추라는 신호를 했으나 악공들은 들은 체도 안 한다. 상가의 제도를 구경하려고 발걸음을 옮겨 대문 앞으로 가자 문 안에 있던 상주 한 사람이 뛰어나와 내 앞에서 곡하며 대나무 지팡이를 놓고 두 번 엎드렸다가 일어난다"(박지원, 2013: 229~231).

예상치 못했던 독특한 상황에서 호기심과 탐구 의지가 발동하여 조문객이 되어 상가에 들어선 연암은 입구에서 악공들이 시끄럽게 풍악을 울리면서도 안에서는 슬프게 곡하는 상주의 모습이 매우 이례적으로 느껴졌다. 그러나 청나라 상가의 예법을 따라 조문하고, 장례

음식을 맛보며 사람들의 움직임을 관찰하는 등 상가의 안팎을 직접 체험하며 낯설고 이질적인 상황만 기술할 뿐 이에 대한 시비나 판단은 하지 않는다. 여정 중에 마주하게 되는 낯설고 새로운 것, 우연적인 상황 등을 그대로 긍정하며 새롭고 생소한 경험을 통해 또 다른 호기심과 앎의 욕구로 진전할 뿐이다.

근거지를 이탈하는 유목민처럼 연암은 기준과 근거에 연연하지 않는 유목적 관점에서 세상을 보았다. 이러한 관점에서 보면 모든 경험은 이전 경험과 비교할 때 항상 '차이'가 생겨난다. 즉, 유목성은 이러한 경험들 사이의 차이가 계속 만들어지고, 그 차이들이 배열 또는 배치되면서 형성된다(Deleuze & Guattari, 1980; 배지현, 2012: 5 재인용).

'배치(arrangement)'는 끊임없이 접속된 상태로, 삶에서 만나는 인간, 사건, 사물 등 존재하는 모든 것은 접속의 배치로 볼 수 있다(Colebrook, 2007: 33). 하나의 배치는 다른 세계, 다른 삶의 방식을 찾아 이동하는 유목민과 같이 기존의 동일성을 파괴하고 또 다른 새로운 배치로 대체된다. 안정된 배치가 분해되기 시작하면서 새로운 배치가 구성되는 원리다. 연암도 새로운 경험 속에 자신을 지속적으로 '배치'한다. 후미진 곳과 일반 서민들의 생활공간을 넘나들며 늦은 밤이나 이른 새벽까지 중국이라는 거대하고 낯선 세계에 자신을 '배치'한다.

유목성은 들뢰즈(Deleuze, G.)의 유목주의 철학에 기초한 개념이다. 한곳에 정착하는 정주(定住)적 삶의 태도보다 끊임없이 이동하는 유목적 삶을 지향하는 성향에 기초한다. 따라서 유목성은 다수의 지배적인 특정한 삶의 방식에 안주하지 않고 이와는 다른 삶의 방식을 끊임없이 추구하며 창의적이고 유연하게 살아가고자 하는 사고방식, 가치관, 태도, 행동 양식으로 정의될 수 있다(목영해, 2010: 58). 이에 따라 유목적 사고는 획일성과 전체주의에서 지속적으로 이탈하려는 역동적 사유 체계다. 주류의 사고 체계를 무비판적으로 수용하지 않고 자기만의 다른 삶의 방식을 끊임없이 추구하는 독자적 사고다. 이러한 사고는 인식과 경험의 확장을 통해 또다시 새롭고 유연한 사유를 가능케 한다. 이와 같은 특징을 가진 유목적 사고는 탐구력과 모험 정신, 끊임없는 호기심으로 인식과 경험을 확장하는 지식 탐구의 중요한 방식이다.

AI 시대 유목민의 지식 탐구 태도

연암은 열하에서 새로운 세상, 다른 세계와의 만남을 통해 사고의 영역을 넓히고 사유 가능성을 확장하고자 하는 사유의 모험을 시도했다. 경계인이자 이방인으로서 연암은 객관적인 시각으로 폭넓은 관찰을 하고 진솔한 대화 방식으로 다양한 사람들과 적극적으로 소통했다. 냉철하고 정밀한 시선으로 새로운 문명을 탐색하고 낯선 이와 유연하게 소통하는 개방적인 사고 태도로서 연암이 보인 유목적 사고는 현재의 교육 상황에 시사하는 바가 크다. 무엇보다 AI의 진화는 앞으로도 계속되고 사회 전반에 끊임없는 변화를 가져올 것으로 전망된다. 이로 인한 교육 현장의 불확실성을 해소하는 유효한 지식 탐구 방식으로서 유목적 사고의 역할은 다음과 같다.

첫째, AI 교육 패러다임에서 지식은 고정된 지식이나 절대적 정답이 아닌 맥락과 데이터에 따라 지속적 업데이트와 수정 가능성이 있는 변동 가능한 지식이다. 지식과 정보가 폭증하고 변화가 빨라 거대한 체계 · 이론을 최소화하고, 확률을 따져 학습의 목적에 집중하는 것이 더 합리적이기 때문이다(강국진, 2023: 177~178). 따라서 획일적인 답이나 정해진 경로를 거부하고 다양한 가능성을 열어두는 유목적 사고는 불확실성을 전제로 한 지식 체계에서 확률적 지식을 해석할 수 있는 유연하고 개방적인 사고 태도다.

둘째, 끊임없이 이동하며 경계를 넘나드는 유목적 특성은 AI와 인간, 기술과 교육 사이의 새로운 관계를 탐색하는 열린 사고 태도를 형성하는 데 적합하다. AI와 인간의 관계는 단순히 도구와 사용자의 관계를 넘어, 협력적 사고 파트너로서의 새로운 가능성을 모색해야 한다. 유목적 사고는 AI를 고정된 기술적 도구로만 보지 않고, 상황과 맥락에 따라 유연하게 대응하는 적응적 활용이 가능하다.

셋째, 유목적 사고는 학습의 경험마다 다른 차이를 생성하고 배치한다. 이는 AI 도구를 활용한 학습을 계속 갱신하고 확장하는 개방적 탐구를 가능하게 한다. 이러한 개방성을 통해 탐구 영역은 끊임없이 확장된다. 기존 지식의 경계를 넓히면서 동시에 새로운 탐구 대상으로 이동하기 때문이다. 결과적으로 지식의 지평은 넓어지고, 대상 간 연결과 관계에 대한 통찰이 깊어질 수 있다.

참고문헌

강국진(2023). 《인공지능이 할 수 있는 것, 할 수 없는 것》. 필로소픽.

김애령(2008). "이방인과 환대의 윤리". 《철학과 현상학 연구》, 39, 175~205쪽.

리쉐탕(2012). "필담을 통해 본 열하일기". 임형택 외. 《연암박지원

연구》. 사람의무늬.
목영해(2010). "들뢰즈의 유목주의와 그 교육적 함의". 《교육철학연구》, 48, 49~67쪽.
박수밀(2020). 《열하일기 첫걸음》. 돌베개.
박지원(2013). 《열하일기 1》. 김혈조 옮김. 돌베개.
배지현(2012). "들뢰즈 철학에서 '배움'의 교육과정적 함의". 《교육과정연구》, 30(4), 1~27쪽.
임형택(2009). 《실사구시의 한국학》. 창비.
木田 元 외(2011). 《현상학 사전》. 이신철 옮김. 출판사b.
Colebrook, C.(2007). 《들뢰즈 이해하기(Understanding Deleuze)》. 한정헌 옮김. 그린비.
Deleuze, G.(2004). 《차이와 반복(Différence et Répétition)》. 김상환 옮김. 민음사.
Greene, M.(2007). "이방인으로서 교사". 《교사를 일깨우는 사유》. 양은주 엮음. 문음사.

05
저실기축 학습 태도

지식이 키워드 도출과 검색, 연결과 해석을 통해 습득되면서 지식의 핵심에 접근하는 능력이 중요해졌다. 저실기축은 사물이나 상황 파악에 있어 부수적으로 대략 훑지 않고 핵심에 접근해 깊이 음미함을 말한다. AI 시대, 학습에서 지식의 핵심에 접근하며 지식의 정수를 헤아리는 저실기축의 학습 탐구 태도는 왜 중요한가.

AI 콘텐츠 크리에이터?

저실기측, 씨앗을 씹어 맛을 헤아리다

저실기측은 씹을 저(咀), 열매 실(實), 그것 기(其), 헤아릴 측(測)이 조합하여 '그 열매의 씨앗을 씹어 맛을 헤아린다'라고 풀이할 수 있다. 열매의 껍데기나 과육만 맛보지 않고 씨앗을 씹어 그 맛을 헤아려야 한다는 연암의 주장이다. "수박을 겉만 핥고 후추를 통째로 삼키는 사람과는 맛에 관해 이야기할 수 없다(박지원, 2013a: 130)"라는 의미도 "학문이란 깊이 생각하고[愼思] 분명하게 논변하며[明辯] 자세히 묻고[審問] 널리 배우는 것[博學](박지원, 2013b: 133)"이라는 연암의 학문관에 비춰볼 때 피상적 지식에 대한 경계로 읽힌다.

'저실기측' 개념은 연암의 저작에서는 찾을 수 없고 연암이 직접 쓴 편액 속에 있는 문구다. 단국대학교 석주선기념박물관에 소장된 연암이 쓴 편액은 2점인데, 연암의 생각을 담은 저실기측 외에 나머지 하나는 '함영지출(含英之出: 입에 머금었던 꽃술을 뱉어냄)'이다. 원래 중국 당나라의 문인 한유(韓愈)가 쓴 《진학해(進學解)》에 나오는 "含英咀華 作爲文章 其書滿家(그 꽃술을 입에 머금고 씹어서 문장을 지어내니, 그 글이 집에 가득하다)(한유, 2010: 538~539)" 대목에서 영감을 얻은 것이다. 저실기측과 같은 맥락에서 함영지출도 말이나 글로 자기 생각을 표현할 때 '꽃의 화려한 겉모습을 흉내 내지 말고 꽃술을 입속에 넣어 품은 뒤 숙성된 향기를 내뿜는 것'처럼, 자기 안에서 깊이 머금은 생각을 자기만의 언어로 말해야 한다는 뜻으로 해석할 수 있다. 저실기측과 함영지출을 함께 풀이해 보면, '가장 근원적인 요체를 음미하여 내 안에서 충분히 곰삭아 다른 식으로 표출해야 한다'라는 뜻이다. 달리 말하면 지식의 핵심에 직접 접근하여 이치를 충분히 헤아리고 체화한 뒤, 자신의 언어와 형식으로 재구성해 표현해야 한다는 의미로도 읽힌다.

그러므로 연암이 보기에 공부는 앎의 핵심에 접근하여 지식의 정수에 다가가는 것이다. 따라서 피상적인 앎을 추구하는 태도는 배움의 과정에서 가장 경계해야 하는 것이 된다. 앎의 핵심에 다가서는 진정성은 지식의 이용후생 측면에서도 중요하다. 이는 지식의 본질을 잘 살펴서 실제 삶에 적용하기 위한 기본적인 태도이기 때문이다.

한편, 앎의 핵심에 접근하는 지식의 본질적 탐구는 시의성 있는 지식 탐구를 가능하게 한다. 시의성(時宜性, timeliness)은 때와 상황에 맞는 적시성(適時性) 혹은 시대적 적합성, 시의 적절성이라고도 한다. "이웃 사람의 담비 털옷이 부럽다고 한여름에 빌려 입는 사람과는 계절에 관해 이야기할 수 없다"(박지원, 2013a: 130~131). 연암은 시의성에 중점을 둔 변화의 필요성을 강조했는데 이는 단순히 외부의 변화 흐름을 추종하지 않고 시대 흐름에 맞는 변화가 중요하다고 생각했기 때문이다(이경구, 2013: 105). 즉, 변화가 요청되는 적당한 때에 조선의 현실에 적합한 내용과 방식으로 실질적인 변화가 이루어져야 하는 것이다.

본질적 지식은 '무엇이 옳은가'에 대한 보편적 기준을 제공하며(Deng, 2022: 600), 시의성은 그 지식을 '언제, 어디에 적용할 것인가'를 판단하는 시기와 맥락의 문제다(Negueruela-Azarola, 2024: 130~131). 본질적 지식과 시의성의 결합은 지식이 타당하면서도 실천 가능하도록 만드는 조건이다(Deng, 2022: 600~603; Negueruela-Azarola, 2024: 130~131). 연암이 생각한 선비, 즉 지식인은 자신이 속한 시대와 사회에 대한 책임을 지니며 연암이 강조한 이용후생 정신은 바로 이러한 사회적 책임을 전제로 하여 백성의 삶을 실질적으로 개선하는 시의 적절한 지식과 기술을 추구하는 것이었다(박지원, 2007). "선비는 아래로는 농·공과 같은 분류에 속하나 위로는 왕공(王公, 왕이나 귀족 등 지위가 높은 사람)과 벗이 된다. 선비 한 사람이 책을 읽으면 은택이

사해에 미치고 공덕이 만세에 드리운다"(박지원, 2012b: 366~367). 농 · 공 · 상을 위한 학문을 탐구하고 학문을 통해 공동체적 삶에 기여해야 하는 존재로서 선비를 규정한 것이다(이창국, 1987: 30~48). 즉, 연암이 보기에 당시 조선 사회에서 변화는 절실한 것이었다. 따라서 지식인들의 의무는 현실 변화의 필요성을 파악하고 조선의 시의성에 맞는 변화의 내용을 궁구하고 실천하는 것이었다. 아무리 탁월한 지식이라도 시대적 요구와 동떨어져 있다면 공허한 담론에 지나지 않기 때문이다.

저실기측, 즉 앎의 핵심에 접근하는 본질적 지식 탐구는 근본 원리에 기반을 두어 구조적이고 체계적이기 때문에 본질을 이해하면 다양한 맥락에 응용할 수 있다. 따라서 상황이 달라져도 그 지식의 유용성이 지속되는 지식의 전이 가능성(Transfer of Knowledge)이 높다. 핵심을 알아야 지식의 전이가 가능하기 때문이다. 그러므로 저실기측은 시의성에 따라 그 지식을 공동체가 당면한 현실 문제 해결에 적용함으로써 사회 발전으로 연결하는 이용후생의 중요한 실천 원리다. 무엇보다도 본질을 탐구하지 않으면 피상적 지식만 반복하게 되고, 그 결과 지식의 실용성이 떨어져 시의성도 확보하기 어렵다. 이것이 저실기측이 강조되는 근본적인 이유다.

갇힌 세계와 앎의 진정성 상실

“물고기가 물속에서 놀면서도 물을 보지 못하는 이유는 무엇인가? 사방이 모두 물이라서 오히려 물이 없는 것처럼 느껴지기 때문이다”(박지원, 2012a: 67). 이 비유는 어떤 환경에 완전히 둘러싸여 있으면 오히려 그 환경 자체를 인식하지 못하는 지식의 폐쇄성에 대한 연암의 깊은 경계를 담고 있다. 하나의 사유 체계나 전통에만 갇혀 있으면, 마치 물고기가 물을 인식하지 못하듯 자신이 처한 한계를 자각할 수 없다. 따라서 외부 세계와의 접촉과 비교를 통해서만 자신의 지식 체계를 객관적으로 성찰할 수 있으며, 이러한 개방성이 지식의 확장과 갱신을 가능하게 한다.

폐쇄된 환경에서는 지식의 반복과 답습만 있을 뿐 진정한 성장은 일어나지 않는다. “우리나라 선비들은 발은 대륙의 땅을 밟아 보지 못했고 눈은 중원의 사람을 보지 못했고 나고 늙고 병들어 죽을 때까지 제 강역을 떠나 본 적이 없다. 우물의 개구리나 밭의 두더지마냥 제가 사는 곳이 제일인 양 여기고 살아왔다”(박지원, 2012b: 66~67). 연암은 조선 밖 세상은 동서양 국경을 넘어 새로운 지식과 정보가 활발히 유통되며 새로운 문명의 시대로 진입하고 있는데도 조선만이 주자학 성리학이라는 명분에 갇혀 있는 현실을 비판한다. 좁은 하늘만 올려다보는 우물 안 개구리, 땅만 파며 편협한 자기 세계 속으로 숨어버리는 두더지로 비유하며 지식인들의 폐쇄적 세태와 인식을 꼬집는다. 이러한 폐쇄성은 고립된 사유, 지식의 협소화를 낳고 기존 지식을 답습하는 결과를 초래한다.

이에 연암은 닫힌 세계에서 식상한 지식 공부에만 매진하는 지식인을 향해 "부지런히 글을 읽는다는 자들은 엉성한 마음과 옅은 식견으로 마른 먹과 종이 사이에 시력을 쏟아 그 속에 있는 좀 오줌과 쥐똥이나 찾아 모으고 있으니, 이른바 '술 찌꺼기를 잔뜩 먹고 취해 죽겠다'하는 격이니 어찌 딱하지 않겠는가(박지원, 2012a: 365~366)"라고 지적했다. 이는 아무리 학식을 쌓았더라도 그것이 옛 지식을 답습하는 것이라면 어떠한 문제의식도 없는 얕은 학문이며, 따라서 이러한 학문은 당연히 현실과 맞지 않는 탁상공론일 뿐이다. 또한 "부뚜막 아래에서 숟가락을 주웠다는 것과 다름없는 것(박지원, 2012a: 365~366)"처럼, 당연한 곳에서 당연한 걸 찾는 기존 지식의 답습과 식상한 방법으로 지식을 더하는 관행은 지식의 정수를 직접 맛보지 않고 지식의 찌꺼기 주변에서 맴돌며 주워 배웠다고 착각하는 것과 다르지 않다. 폐쇄적인 환경에서는 새로운 지식의 유입이 어려워지므로 지식을 답습하기 쉽고, 이는 새로운 호기심과 주도적인 탐구라는 앎의 진정성 발휘를 어렵게 만든다.

저실기측 학습의 필요성

생성형 AI가 학습에 적극 도입되면서 긍정적 영향도 많다. 그러나 연암이 지적했던 단편적이고 피상적인 지식 축적, 식상한 지식의 반복과 조합, 부수적 정보의 과잉, 특정 AI 엔진 의존으로 인한 폐쇄성 등의 문제점들이 그대로 나타나고 있다. 이러한 문제의 근본 원인은 호기심 생성의 기회 부족에 있다.

배움의 시작은 호기심이다. "왜 그런 건가? 이건 무엇인가? 어떻게 된 걸까?"라고 하는 의문의 순간부터 배움이 시작된다. 호기심은 질문을 만들고, 그 질문을 해결하기 위해 해답을 향해 가는 모든 여정이 배움이다. 그런데 그럴듯한 내용을 빠르게 알려주는 AI의 편리함에 익숙해지면서 호기심을 발동할 수 있는 시간과 기회가 줄어들어 중요한 배움의 여정이 소거되고 있다. 이러한 배움 과정의 생략은 사고 과정의 일부가 사라지는 것과 같아, '씹고 맛보지 않았는데 소화해야 하는' 상황을 초래한다. 미처 소화하지 못한 지식은 역류하고, 원치 않는 스팸 이메일처럼 원하지 않고 검증되지 않은 '스팸 지식'

은 오히려 필요한 정보와 지식의 획득을 방해한다.

이러한 부작용의 주요 원인은 저실기측 학습 방식이 작동되지 않음으로써 발생되는 지식의 본질을 이해하려는 의지 부족 및 환경의 부재에 있다. 이와 관련한 대표적인 교육 현장의 문제점을 전이와 창의성의 측면에서 살펴본다.

첫째, 전이(transfer)란 한 영역에서 배운 걸 다른 상황에 적용하는 능력이다(National Research Council, 2000). 학습 맥락에서 핵심 원리를 파악한 학습자가 유사한 구조를 가진 새로운 문제에 직면했을 때 기존 지식을 효과적으로 재구성하여 활용하는 경우가 대표적이다(Perkins & Salomon, 1992). 그러므로 지식의 핵심 원리를 깊고 폭넓게 파악하지 못한 피상적 지식으로는 전이가 쉽게 일어나지 않는다. 제대로 깊이 이해해야만 새로운 맥락에서도 그 지식을 활용할 수 있기 때문이다. 대표적으로 이론이 실제 삶에 적용될 때 전이의 실용적 가치가 높다.

둘째, 창의성은 무에서 유를 창조하는 능력이 아니라 기존 지식에 대한 깊은 이해를 바탕으로 이를 새롭게 재구성·재조합하는 인지 과정이다(Weisberg, 2006: 74~75). 핵심 원리와 구조를 파악한 학습자는 이를 토대로 혁신적 아이디어를 창출할 수 있지만(Sawyer, 2012: 389~392), 지식의 본질을 이해하지 못한 채 표면만 훑는 학습은 아무리 노력해도 정교한 모방 수준에 그칠 수밖에 없다. 창의성 역시 근본 원리를 파악하면 다양한 맥락에 적용한다는 점에서 전이와 연관되어 있다. 창의성에서 지식의 근원적 원리 탐구는 한 영역의 통찰을 다른 영역으로 확장하여 새로운 아이디어를 창출하기도 하고 또 다른 원리를 발견하는 원초적 동력이다. 따라서 핵심 지식의 결핍으로 원초적 동력이 상실되면 창의성 발휘도 기대하기 어렵다.

그러므로 저실기측의 학습 방식과 태도는 호기심이라는 앎의 진정성을 발휘하여 지식의 핵심에 접근한다는 측면에서 전이와 창의성 저해 문제를 해결하는 데에도 긍정적 역할을 할 수 있을 것이다. 더불어 학습자가 본질적인 지식과 파생된 지식을 구분하고 양질의 정보를 구분하는 능력을 함양함으로써 AI가 제공한 지식과 정보를 비판적으로 성찰하고 제대로 이용할 수 있게 될 것이다.

참고문헌

박지원(2012a). 《연암집(중)》. 신호열·김명호 옮김. 돌베개.
박지원(2012b). 《연암집(하)》. 신호열·김명호 옮김. 돌베개.

박지원(2013a). 《열하일기 2》. 김혈조 옮김. 돌베개.
박지원(2013b). 《지금 조선의 시를 쓰라》. 김명호 옮김. 돌베개.
박지원(2007). 《연암산문정독》. 박희병 외 옮김. 돌베개.
이경구(2013). 《조선 후기 사상사의 미래를 위하여》. 푸른역사.
이창국(1987). "연암 박지원의 교육사상 연구". 서울대학교 박사학위논문.
한유(2010). 《한유산문선》. 오수형 옮김. 서울대학교출판문화원.
Deng, Z.(2022). Powerful knowledge, educational potential and knowledge-rich curriculum: Pushing the boundaries. *Journal of Curriculum Studies, 54*(5), pp.599~617. https://doi.org/10.1080/00220272.2022.2089538
National Research Council. (2000). How people learn: Brain, mind, experience, and school: Expanded edition. The National Academies Press. https://doi.org/10.17226/9853
Negueruela-Azarola, E.(2024). It is about time: Chronos/Kairos, transformative research, and learning and development. *Language Teaching Research Quarterly, 46*, pp.130~145. https://doi.org/10.32038/ltrq.2024.46.10
Perkins, D. N. & Salomon, G.(1992). Transfer of learning. In Husen, T. & Postlethwaite, T. N.(eds.). *The International Encyclopedia of Education*(2nd ed.), pp.425~441. Pergamon.
Sawyer, R. K.(2012). *Explaining creativity: The science of human innovation*(2nd ed.). Oxford University Press.
Weisberg, R. W.(2006). *Creativity: Understanding innovation in problem solving, science, invention, and the arts.* John Wiley & Sons.

06
사우, 수평적 교육 관계

배울 점이 있으면 친구가 될 수 있고, 친구라면 반드시 배울 것이 있다. 스승이자 친구를 일컫는 사우(師友)는 친밀하고 수평적인 상호 교류가 가능한 우정의 교육적 관계를 의미한다. 연암의 지식 공동체 활동은 지식 정보의 연결, 해석, 융합의 과정을 거치며 새로운 가치를 창출하는 AI 사회에 수평적 교육 관계의 필요성을 시사한다.

AI와 민주주의?

우도(友道), 진정성 있는 존재들의 만남

연암이 20대에 쓴 《방경각외전(放璚閣外傳)》에 수록된 단편 소설들에는 진솔한 인간관계, 즉 우정의 중요성을 강조하는 내용들이 많다. 연암은 신분적 위계에 따른 인간의 도리보다는 인간적 신뢰를 바탕으로 한 자발적인 인간관계로서 우정을 중요하게 생각했다. "오륜[부자유친(父子有親), 군신유의(君臣有義), 부부유별(夫婦有別), 장유유서(長幼有序), 붕우유신(朋友有信)]의 맨 끝에 벗의 관계를 논한 것은 중요하지 않아서가 아니다. 오히려 벗의 관계를 이끄는 존중과 상호 신뢰는 모든 인간관계에서 항상 변치 않는 기본적인 도리, 즉 '상도(常道)'이므로 오륜의 맨 뒤에서 각 관계에서 잘못된 것을 바로잡기 위해서다"(박지원, 2012c: 143).

오륜에서 군신의 관계와 부모와 자식 관계, 부부관계는 선택할 수 없는 비자발적으로 형성된 숙명적인 관계다(양반 계층의 혼인은 자유연애가 아닌 가문 간의 결합이 일반적임). 서로에게 잘못해도 헤어지기 어려운 관계인 것이다. 이에 비해 친구 관계는 자발적인 선택에 의한 관계로 서로에 대한 존중과 믿음으로 관계를 형성하고 유지한다. 연암이 보기에 자발성과 인간에 대한 믿음이 가장 필요한 관계가 친구 관계이므로 우정은 모든 인간

관계의 근원이다(박지원, 2012c: 143). 심지어 나이가 많고 적음에 있어서 예의가 지켜지지 않을 때는 믿음과 의리로서 훼손된 관계를 회복할 수 있을 정도로 우정의 관계는 인간관계의 핵심적 가치다. 다시 말해 연암에게 우정은 숙명적으로 주어지는 의무적 관계가 아니라, 상호 자발적이고 주체적 의지가 관계 맺음으로써 구현되는, 진정성이 전제된 주체성으로 만들어지는 가치다.

그러나 연암은 현실에서 믿음과 의리는 주자학의 명분론을 표면적으로 강화하는 형식적 인간 도리로 전락했다고 비판했다. 실제로는 정치권력과의 유착[세(勢)], 탐욕적인 명예욕[명(名)], 물질에 대한 소유욕[리(利)] 등 수단화된 세속적 가치들이 관계 맺음의 기준이 되어 진정한 사귐의 도를 훼손했다는 것이다. 연암이 추구한 인간적 신뢰를 바탕으로 하는 진정한 우정의 관계, 즉 우도(友道)는 "있는 그대로의 자신을 외부에 가감 없이 투명하게 드러내는"(Rogers, 2010: 131) 진정성(genuineness)에 기초한 인간적 관계 맺음이다.

연암에게 벗은 "번거롭고 까다로운 예절 따위는 타파해 버리고서 진정을 토로하고 간담(속마음)을 피력할 수 있는 자(박지원, 2012a: 21~23)"로 표현된다. 연암이 추구한 우정은 인간 본연의 순수한 마음과 신뢰를 바탕으로 한다. 서로의 진실한 모습을 드러내고 교감하는 솔직하고 진솔한 만남으로 인위적 꾸밈 없이 본래의 자기 모습을 드러내며 서로를 신뢰하는 관계다. 여기서 '인위'란 자연스럽게 타고난 자질을 억누르고 획일적인 틀에 맞추려는 것을 의미한다(Rousseau, 2007: 38). 연암이 지적한 세(勢), 명(名), 리(利)가 바로 진솔한 인간관계를 가로막는 대표적인 인위성이다.

연암은 인위적 꾸밈이 본질을 왜곡시킨다고 보았다. 본래의 소박함을 잃듯이, 사람 또한 자신의 진실한 모습 대신 사회나 타인의 기준에 맞춘 이미지를 추구함으로써 본래의 자기 모습, 즉 진정성을 상실한다는 것이다. 연암의 인간 이해에서 인위적 꾸밈 없이 본래의 자기 모습을 드러내는 것은 '인간다움'의 핵심적인 요소였다. 물론 연암 자신도 "나는 본시 웃음을 잘 참지 못해 젊은 시절 하인들이 나누던 우스갯소리를 듣고 얼마나 웃었는지 사흘 동안이나 허리가 다 시큰거린 적이 있었다(박지원, 2013b: 52)"라고 할 정도로 소탈하고 진정성을 중요시한 인간형이었다.

이에 따라 연암의 소설 속에 등장하는 떠돌이 거지(《광문자전》), 몰락한 양반(《양반전》), 농부(《허생전》) 등은 사회적으로는 하층 계급이거나 몰락한 양반들로 비주류 소외 계층이다. 그럼에도 불구하고 이들은 자기만의 진정성을 바탕으로 인간적인 신뢰와 주체적인 선택을 통해 다양한 갈등을 스스로 해결해 나가는 능동적인 존재들로 묘사된다(심경호, 2005: 110). 특히《예덕선생전》의 주인공 엄 행수는 하찮은 똥지게를 지는 일을 하지만 이야기 속 학식 높은 선비는 그를 '더러움과 깨끗함의 표상적인 구분을 넘어서게 하는 현인'이라고 평하며 함부로 대하지 않고 신분을 초월하여 예를 다했다(박지원, 2012c: 158~185).

중국 열하 기행이 시작되는 국경 지점에서 압록강을 앞에 두고 연암은 "쓸쓸히 술을 따라 홀로 마시며 한 잔을 가득 따라서 첫 번째 기둥에 부어 이번 여행이 무사하길 스스로 빌고, 또 한 잔을 채워 둘째 기둥에 부어 장복과 창대를 위해 빌었다. 호리병을 흔들어 보니 아직 몇 잔이 남았기에 땅에 붓고 말을 위해 빌게 했다(박지원, 2013a: 32~33)"라고 했다. 장복과 창대는 중국 여행 중 연암의 시중을 드는 하인들로《열하일기》곳곳에 연암과 농담을 주고받는 모습으로 자주 등장한다. 이처럼 연암은 장복과 창대를 자신을 보필하는 종으로 대하기보다는 여행의 동등한 동반자로서 인식하고 대우했음을 알 수 있다.

이와 같이 벗의 중요성을 강조한 연암의 우도론의 기저에는 진정성 있는 존재들의 만남으로 우정이 형성되고 도타워질 수 있다는 강한 믿음이 발견된다. 여기서 진정성은 인간관계든 물질이든 그 대상이 지닌 '진실함[眞]'에 근거한 실질적 가치 추구를 의미한다. 즉, 연암은 명예, 권세, 이익이라는 허위적 가치를 배격하고, 진정성 있는 관계와 실용적 개혁을 통해 개인과 사회의 실질적 개선을 추구했다. 이러한 점에서 연암의 우도론과 이용후생론은 '진정성[眞]'이라는 공통된 철학적 기반을 공유한다.

사우(師友)로 구성된 우정의 지식 공동체

연암에게 벗은 '스승이자 친구', 즉 사우(師友)로서 학문적 성장과 인간적 성장 모두를 상호 견인해 주는 유의미한 타자다. 사우는 '배울 점이 있으면 친구가 될 수 있고, 친구라면 반드시 배울 게 있다'라는 원칙에 기반한다. 이는 간명한 원리지만, 현실에서는 실천하기 어려운 고도로 진화된 우정의 형태다. 사우론은 16~17세기 명·청 교체기에 대두된 중국의 양명좌파 이탁오(李卓吾, 1527~1602)의 사상과 연결된다. 이탁오는 "벗이 스승인 줄 모르고 네 번 절하여 가르침을 받은 자만을 스승이라 하고, 스승이 곧 벗인 줄 모르고서 단지 친밀하게 하는 자만을 벗이라고 부른다(김문용, 2005: 66)"라며 수직적 인간관계를 비판하고 스승과 벗을 구분하기보다는 함께 성장하는 데 필요한 우정의 관계임을 강조했다. 이탁오의 사우론은 연암을 비롯한 북학파 지식인들에게 일부 수용되어 사우(師友) 관계 형성을 통한 수평적인 사귐의 도를 형성하는 데 영향을 미쳤다.

사우에 대한 연암의 인식은 그와 벗들이 백탑파라는 지식 공동체를 형성하고 적극적으로 활동하는 토대가 되었다. 연암은 30대 초반 서울 대사동 탑골 부근으로 이사를 하게 되면서 백탑파라 불리는 지식 공동체에서 벗들과 두터운 교분을 쌓게 된다. 벗들 대부분이 종로의 탑골 주변에 함께 모여 살았다. 탑골 중심으로 연암과 이덕무가 탑의 북쪽에서 사립문을 나란히 할 만큼 가까웠고, 서쪽에는 이서구와 서상수가, 북동쪽에는 유금과 그의 조카 유득공이 거주했다. 또한 가까운 남산 부근에는 홍대용과 박제가, 백동수가 살고 있었다(박제가, 2011: 28).

연암보다 12살 어렸던 막역한 후배이자 제자로도 알려진 박제가(1750~1805)는 19세 되던 해, 한양 내에서 문필가로 명성이 높던 연암이 탑골로 이사 왔다는 말을 듣고 이덕무와 함께 그를 찾아간다. 연암을 처음 만난 날을 회상하며 "선생은 옷을 차려입고 나와 맞으며 마치 오랜 친구라도 본 듯 손을 맞잡으셨다. 드디어 지은 글을 전부 꺼내어 읽어 보게 하셨다. 이윽고 몸소 쌀을 씻어 다관에 밥을 안치시더니 흰 주발에 퍼서 옥소반에 받혀 내오고 술잔을 들어 나를 위해 축수(祝壽)하셨다(박제가, 2011: 26)"라는 글을 남겼다. 박제가와의 첫 만남에서 연암이 손수 밥을 지어 성심껏 어린 박제가를 맞이하는 장면은 다소 이채로우면서도 소탈한 연암의 인간적인 면모가 여실히 드러난다.

명분론적 의리가 아닌 따뜻한 인간적 신뢰를 기반으로 형성된 백탑파 지식 공동체에서 홍대용, 정철조, 유금, 이덕무, 유득공, 이서구 등의 지식인들은 서로의 집과 서실에서 자주 만났다. 이들은 다양한 학문 분야, 여러 방면의 주제들에 대해 활발하고 자유로운 토론을 일상적으로 나누었다. 서양에서 유입된 천문학이나 수학, 과학 등 새로운 학문뿐만 아니라 음악, 미술 등의 예술적 취향까지 공유함으로써 학문과 문예를 총망라하는 지식 형성을 통해 개방적인 학문 탐구 경향을 나타냈다. 그리고 각자의 관심 분야를 인정하고 서로에게 배우며 견문을 공유하고 확장했다.

백탑파에서는 혈연, 학맥, 가문의 정치적 영향력 등 태생적 특권을 가진 조선의 주류 계층이었던 연암을 비롯해 홍대용, 정철조, 이서구 등의 명문가의 지식인과 박제가나 이덕무 등의 서얼 출신 비주류 지식인 간의 격의 없는 소통이 활발했다. 따라서 백탑파 모임은 신분, 나이, 당파 등에 관계없이 다양한 인적 구성의 선비들이 지적 교류와 감성적 소통을 통해 학술 및 문예 지식을 공유하고 진정한 인간적 정서를 교류했던 우정의 융합적 지식 공동체라고 할 수 있다. 무엇보다도, 이 우정의 지식 공동체에서 진정성을 바탕으로 한 인간관계 형성은 이들이 평생의 어려움을 허물없이 나누는 관계로까지 발전하는 데 중요한 역할을 했다.

백탑파 활동의 특징은 동인적 결속과 동지적 결속으로 구분된다(임형택, 1976: 106). 우선, '동인적 결속'은 우정을 매개로 예술 감각과 사상을 공유하며 참신한 예술 세계를 추구하는 성격을 지닌다. 그리고 '동지적 결속'은 이들 대부분이 개혁적 지식인들로 북학 및 이용후생 등의 사상적 실천을 도모했다. 이러한 창조적 문예 활동과 실천적 행동이 가능했던 것은 이들이 자유롭게 학문과 취향을 개방하고 서로 지적 · 예술적 자극을 공유함으로써 배움을 나눌 수 있는 사우 관계를 형성하고 있었기 때문이다. 이 사우 관계에서 스승은 일방적으로 가르치는 자가 아니었다. 수평적 지식 소통을 주도하는 책임과 역할을 지닌 자였다.

백탑파 지식인들은 서열과 위계로 대표되는 종적 윤리를 지양하고 나이, 신분, 정파를 넘어 마음을 나누는 수평적 윤리로서의 우정을 추구했다(배우성, 2015: 39). 이러한 수평적 소통은 연암의 '사이'의 통찰과 그 맥락을 같이한다. 연암은 나와 타인의 이분법적 경계를 허물고 자신의 고정된 관점에서 타자를 판단하지 않기 위해 자기 입장에서 벗어나 타자의 입장을 견지하려는 태도를 취하고자 노력했다. 이에 대해 이창국(1987)은 연암의 인식론을 '내가 아닌 나로써 나를 본다'는 의미의 '이비아관아(以非我觀我)'를 줄인 '비아법(非我法)'으로 명명했다(1987: 30). 비아법은 '자기중심성의 탈피'라는 논리적 전제 조건이 충족된 후 역지사지를 통한 '공감적 심정의 발휘'라는 실제적 방법을 통해 서로 다른 존재들의 관점을 한 존재 안에 공존시키고 서로 다른 존재들의 관점을 공유한 상태에서 사물을 인식하는 방법이다(이창국, 1987: 31). 따라서 비아법은 수평적 지식 소통의 방법론의 원리이자 융합적 지식 공유를 위한 철학적 기반을 제공한다고 볼 수 있다.

백탑파 모임은 위계적이고 종적인 관계를 지양하고 비체계적이고 비계열적인 특성을 지녔다. 구성원들은 상호 밀접한 관계를 맺고 이를 또 다른 벗에게 확장하는 횡적 사귐의 방식을 취했으며, 각자의 개성, 재능, 취향을 존중하며 서로에게 영향을 주고받았다. 이렇게 형성된 수평적 소통 관계는 지식 공동체 내에서 활발한 지식의 공유를 가능하게 했던 원천적인 힘이었다.

AI 기반 학습과 수평적 교육 관계

AI의 효율성과 개인화는 강력한 도구이지만, 인간 고유의 대화적 학습, 가치 성찰, 창의적 융합을 대체할 수 없다. 진정한 배움은 서로 다른 존재들이 수평적으로 만나 진솔하게 대화하고, 서로에게서 배우며, 함께 새로운 지식을 창출하는 '과정'에서 일어나기 때문이다. 교육 분야에 AI 기술이 접목되면서 개인 맞춤형 학습 경로, 즉각적 피드백, 방대한 정보에 대한 접근 등 개인화된 맞춤형 학습 지원에 긍정적 영향을 미치지만, AI가 짧은 시간에 필요로 하는 정보를 효율적으로 제공하는 만큼, 학습자는 방대한 정보를 해석하고 필요한 맥락에 맞게 의미를 구성해야 하는 역할이 필수적으로 요구된다. 따라서 AI 기반 학습에서 수평적인 교육 관계를 통한 학습자의 역할을 정리하면 다음과 같다.

첫째, 수평적 교육 관계는 AI가 제공하는 정보를 지식으로 전환하는 핵심 기제다. AI는 방대한 데이터를 기반으로 정보를 제공하지만, 맥락적 이해와 가치 판단에는 근본적인 한계가 존재한다. 학습자들이 수평적 관계 속에서 "AI는 이렇게 답했는데, 우리는 어떻게 생각하는가?"라는 메타적 질문을 던지고, 서로 다른 해석을 존중하며 대화할 때 비로소 정보는 의미 있는 지식이 된다. 동료와 함께 AI 결과물을 비판적으로 검증하고, 그 한계와 편향을 발견하며, 새로운 통찰을 구성하는 과정이야말로 진정한 학습이다.

둘째, 수평적 관계는 교사와 학습자의 역할을 재정의한다. AI가 지식 전달을 담당하는 환경에서 교사는 지식의 일방적 주입자가 아닌 학습을 촉진하고 성찰을 유도하는 촉진자(facilitator)로 전환되어야 한다. 교사는 사우 관계의 원칙에 따라 학습자들이 AI와 상호작용하며 생성한 지식을 함께 탐구하며 질문의 깊이를 더하는 공동 학습자로서 기능할 수 있다. 또한 학습자 간에도 사우 관계가 형성되어, 각자의 AI 활용 경험과 통찰을 나누고, 서로의 강점 분야에서 가르치고 배우며, 협력적으로 문제를 해결함으로써 진정한 배움의 공동체를 조성할 수 있다.

셋째, 수평적 소통은 융합적 지식 창출의 토대다. AI는 기존 데이터 패턴에 기반한 답변에 강하지만, 진정으로 혁신적인 지식은 서로 다른 분야와 관점이 예기치 않게 충돌하고 융합하는 지점에서 탄생한다. 다양한 배경의 학습자들이 수평적으로 만나 대화할 때 학제 간 경계를 넘어서는 창의적 통찰이 가능해진다. 한 분야의 AI 지식을 다른 분야에 적용해 보고, 서로의 전문성이 충돌하며 새로운 의미를 만들어 내는 과정은 AI는 도달할 수 없는 영역이다. 특히 복합적이고 맥락 의존적인 현대 사회의 문제들은 단일 학문이나 AI 단독으로 해결할 수 없으며, 수평적 협력을 통한 집단 지성이 필수적이다.

넷째, 수평적 대화는 비판적 AI 리터러시를 함양한다. 비판적 AI 리터러시는 AI 자체에 대한 다면적이고 분석적인 이해를 바탕으로, AI가 야기하는 사회적 이슈와 영향력에 대해 비판적으로 사유하는 역량이다(김성우, 2024: 52). AI가 제시한 결과의 타당성, 신뢰성, 편향성을 개인이 홀로 판단하기는 어렵다. 동료와 함께 같은 질문에 대한 서로 다른 AI의 답변을 비교하고, 편향이나 오류를 찾아내며, 윤리적 이슈까지 다양한 관점에서 토론할 수 있는 능력을 키워야 한다. 이러한 수평적 의사소통은 AI의 불완전성을 인지하고 효과적인 활용 전략을 공동으로 수립하고 실천하는 기반이 된다.

마지막으로, 수평적 관계는 메타 학습 능력과 성찰적 사고를 촉진한다. '어떻게 배우고 있는가', '이 학습 방법은 적절한가'에 대한 메타 인지적 대화는 동료와의 수평적 소통 속에서 더욱 풍부해진다. 학습자들은 각자의 AI 활용 전략을 공유하고, 학습 과정의 어려움과 돌파구를 논의함으로써 상호 간의 학습을 협력적으로 조절하는 협력적 자기주도 학습을 실현할 수 있다.

결론적으로, AI 기반의 학습 환경 시스템이 발전 · 확대될수록 개별화된 학습 지원이 강화되어 학습자 간 대화나 지식 공동체 활동은 상대적으로 줄어들 가능성이 크다. 이는 서로 다른 배경과 선행 지식을 가진 다양한 학습자들이 만나 격의 없이 대화하며 경험을 진솔하게 나누는 기회가 축소되어, 함께 새로운 지식을 창출하는 인간다운 배움의 방식을 상실하게 할 수 있음을 의미한다. 그러므로 서로에게 배우는 우정의 교육적 관계를 회복하고 확장하는 방안을 모색하고 준비해야 한다. AI 기반 학습 시스템 역시 개인화된 학습 환경을 지원하면서도 사회적 학습이 필수적으로 병행될 수 있는 설계 방향을 적극적으로 고려해야 할 것이다.

참고문헌

김문용(2005). “북학파 교우론의 사상사적 함의”. 《한국실학연구》, 10, 57~85쪽.

김성우(2024). 《인공지능은 나의 읽기-쓰기를 어떻게 바꿀까》. 유유.

박제가(2011). 《궁핍한 날의 벗》. 안대회 옮김. 태학사.

박지원(2012a). 《연암집(상)》. 신호열·김명호 옮김. 돌베개.

박지원(2012c). 《연암집(하)》. 신호열·김명호 옮김. 돌베개.

박지원(2013a). 《열하일기 1》. 김혈조 옮김. 돌베개.

박지원(2013b). 《열하일기 2》. 김혈조 옮김. 돌베개.

배우성(2015). 《독서와 지식의 풍경: 조선 후기 지식인들의 읽기와 쓰기》. 돌베개.

심경호(2005). “연암 박지원의 논리적 사유 방법과 벽이단론(闢異端論) 비판”. 《대동한문학》, 23, 109~141쪽.

이창국(1987). “연암 박지원의 교육사상 연구”. 서울대학교 박사학위논문.

임형택(1976). “박연암의 우정론과 윤리의식의 방향”. 《한국한문학연구》, 1, 95~117쪽.

Rogers, C. R.(2010). 《칼 로저스의 사람-중심 상담(A Way of Being)》. 오제은 옮김 . 학지사.

Rousseau, J. J.(2007). 《학문과 예술에 대하여 외(Discours sur les sciences et les arts)》. 김중현 옮김. 한길사.

07
상호 밑천이 되는 상자적 네트워크

상생은 사회도덕이나 경제적 협업 전략을 넘어 기술과 인간의 지속 가능한 공존을 위한 핵심 가치다. 상자(相資)는 '서로 밑천이 되어 힘입어 산다'라는 뜻으로 상생의 근원적 의미와 실천적 지향을 강조한다. 서로에게 밑천이 되어 주는 상자적 네트워크는 인간과 인간, 인간과 로봇, 인간과 AI 시스템 간 다양한 협업의 철학적 기반을 제공한다.

AI와 애니메이션?

상자, 상생의 실천 원리

상생(相生, win-win)은 서로 생명을 북돋우며 함께 성장하는 공존의 원리로, 주로 경제적 협업 전략이나 사회 공동체의 규범과 도덕 차원에서 언급된다. 그러나 지금은 상생이 기술과 인간의 지속 가능한 공존을 위한 핵심 가치로 확장되어 새롭게 조명되어야 할 시점이다. 이러한 측면에서 연암이 제시한 '서로 밑천이 되어 힘입어 산다'라는 뜻의 '상자(相資)'는 상생의 근원적 의미를 강조하는 동시에 실천적 지향을 제시한다. 따라서 상자의 개념은 AI로 인한 문명 전환 시점에서 상생의 실천적 방향을 모색하는 중요한 실마리를 제공할 수 있다.

연암은 '서로 북돋우며 함께 성장한다'라는 상생의 의미를 분명히 하기 위해 중국의 오행상생설(五行相生說)을 비판적으로 분석하여 상자의 의미를 도출했다. 오행상생설은 우주를 이루는 다섯 가지 요소인 나무[목(木)], 불[화(火)], 흙[토(土)], 쇠[금(金)], 물[수(水)]이 각각 생성해 주며 순환한다는 이론이다. 나무는 불을 낳고, 불은 흙을 낳고, 흙은 쇠를 낳고, 쇠는 물을 낳고, 물은 나무를 낳는다는 이치로, 오행 중의 하나가 다른 하나에 의해 생겨난다는 논리를 가진다. 연암은 "만물이 흙에서 나지 않는 것이 없는데 어찌 유독 쇠만이 이를 모체로 삼는다고 하겠는가"(박지원, 2012: 40)라며 나무가 불을 낳고 불이 흙을 낳는다는 오행의 생성 원리가 가진 논리적 모순을 지적하며 상자성의 의미를 명확히 드러냈다.

"쇠와 돌이 서로 부딪치거나 기름과 물이 서로 끓을 때는 모두 불을 일으킬 수 있고 벼락이 치면 불타고 황충 -농작물에 큰 피해를 주기도 하는 메뚜깃과의 곤충-을 묻어두면 불꽃이 일어나니 불이 오로지 나무에서만 일어난다는 것은 분명하지 않다. 그러므로 상생한다는 것은 서로 낳아주며 자식이 되고 어미가 되는 것이 아니라, 서로 힘입어 사는 것이다"(박지원, 2012: 44). 이와 같이 연암은 오행에서 상생의 의미는 각각 '서로 낳아준다'는 자모(子母)관계가 아니라 "서로가 서로에게 바탕이 되어 주고, 밑천이 되어 서로 의지하여 산다는 것(相資焉以生)"의 의미로 상생을 해석하였다. '상생(相生)'의 의미를 '서로를 낳아주는 것'에서 '서로 북돋아 주며 같이 살아감'으로 의미를 회복하는 차원에서 이를 '상자(相資)'로 설명한 것이다.

연암은 "오행상생설의 논리는 막연하고 정확한 근거가 없을뿐더러 추상적 논리로 짜맞추게 되어 학설이 공교해질수록 더욱 현실과 유리되는 허상적 논리일 뿐이다(박지원, 2011: 122)"라고 했다. 명백하고 알기 쉬운

인륜과 정치는 안중에도 없이 중국에서 건너온 오행설의 이론에만 천착하는 학자들을 비판하고, 오행은 그저 그 쓰임새, 즉 이용에 따라 이치를 밝힐 수 있다고 주장한 것이다. 다시 말해 자연물이 어떻게 생겨나는가보다는 이를 어떻게 이용할 것인가에 집중함으로써 자연물의 생성 원리보다 실용적 활용을 강조했다는 점에서 이용후생 정신과 맥을 같이한다.

서로 힘입어 사는 '상자성'의 의미와 확장

상자성은 만물이 다른 것에 종속되거나 환원되지 않는 독자성을 지니면서도, 서로 의존함으로써 온전하게 독립된 삶을 살 수 있다는 상호 관련성을 의미한다(이창국, 1987: 28). 다시 말해 독자성과 상호 의존성은 서로 대치되는 개념이 아니라 먼저 독자성을 확보한 후 상호 의존할 수 있다는 의미가 강하다. 이에 따라 상자성은 '독립적 주체들이 서로 상호 의존하며 힘입어 산다'라는 의미로 진전된다. 이는 밀접하게 연관된 각 단위와 요소 간의 연계와 협업을 뜻하며, '주체적인 관계 형성'을 강조한다고 할 수 있다.

상자에서 '상(相)'은 '이쪽과 저쪽 모두, 이쪽과 저쪽이 함께'라는 뜻이고 '자(資)는 밑천을 뜻한다. 밑천은 '아래', '근본', '본바닥', '본전' 등 근본이 되는 원천이라는 뜻을 가진 순우리말인 '밑'과 돈을 뜻하는 한자어 '천'이 결합한 단어다. 이는 장사나 사업 등 어떤 생산적인 일을 처음 시작할 때 들어가는 본전, 어떠한 일을 하는 데에 기초가 되는 기술이나 재주의 의미를 갖는다(고려대한국어대사전). 이에 따라 밑천은 기본적으로 어떤 일을 시작하거나 꾸려 나가는 데 필요한 바탕이 되는 돈, 재료, 능력, 또는 자원으로 정의할 수 있다.

따라서 상자성은 자본뿐 아니라 기술과 재능 등 다양한 자원을 상호 제공하며 공동 번영을 추구한다는 점에서, 백성의 삶을 실질적으로 개선하려는 이용후생 정신과 본질적으로 연결된다. 이러한 상자성 개념을 교육에 적용하면 교육 생태계의 각 요소－학습자, 교육자, 교육 내용, 학습 도구－가 상호 자원으로 기능하며 긴밀히 연결된 상자적 교육 네트워크를 구성한다. 특히 첨단기술이 결합한 에듀테크 환경에서 이러한 상자적 네트워크는 인간과 인간, 인간과 로봇, 인간과 AI 시스템 간 다양한 협업의 기반이 된다.

상자적 네트워크를 통한 교육의 미래

교육에서의 상자적 네트워크는 교육의 구성 요소들이

상호 시너지 자원으로 활용되어 학습자가 성장할 수 있도록 지원하는 교육 생태계를 이해하는 핵심 틀이다. 이 네트워크 내에서, 교사는 AI의 데이터 분석 능력을 자원으로 활용하고, AI는 교사의 교육적 판단 및 맥락적 이해를 자원으로 확보한다. 학습자는 AI 튜터의 개인화 지원을 자원으로 받으며, AI는 학습자의 학습 데이터를 기반으로 알고리즘을 개선한다. 또한, 교육 내용은 AI에 의해 최적화되며, AI는 교육 내용의 구조와 학습 목표에 따라 학습 방향을 설정한다.

이처럼 교육 환경을 구성하는 각 요소는 독립적으로 존재하는 것이 아니라 상호 의존하며 서로를 강화하는 상자적 네트워크를 형성한다. 이는 교육을 경쟁과 위계가 아닌 협력과 공생의 관점에서 재구성할 것을 요구하며, 기술과 인간이 서로를 대체하는 것이 아니라 상호 보완하며 함께 진화하는 '상생의 교육 생태계'를 지향한다.

교육 활동은 본질적으로 세 가지 핵심 요소로 구성된다. 학습자(learner), 교사(Teacher), 교육 내용(Content)이 그것이다. 여기에 교육이 더 체계적이고 효과적으로 이루어질 수 있도록 기반을 제공하는 교육 환경(도구)이 추가된다. 교육의 구성 요소들은 독립적으로 존재하는 것이 아니라 역동적인 상호작용을 통해 교육 현상을 창출

한다. '누가, 무엇을, 어떤 환경에서 배우고 가르치는가'라는 교육의 기본적 구성 외에도 구체적으로 교육이 제대로 이루어지기 위해서는 '왜, 어떻게 가르치는가'라는 교육 방식과 교육 방법에 대한 고민 또한 매우 중요하다.

교육 방법(method, approach)은 학습자의 지식 탐구 태도를 형성하거나 자극하는 수단 또는 실제 전략이며, 교육 방식(mode)은 이러한 방법이 효과적으로 작동할 수 있는 구조를 제공한다. 특히 AI 기반 학습에서 교육 방법과 교육 방식은 모두 학습자의 능동적 참여와 탐구적 사고를 촉진한다는 공통의 목적을 공유하며, 학습자가 지식을 스스로 탐구하고 재구성하려는 태도를 형성하는 핵심 수단이다. 예를 들어 연암의 '사이'의 통찰은 기존 지식의 중심에서 주변으로 시선을 전환하는 창의적 지식 구성의 교육 방법이 될 수 있다. 그리고 유목적 사고는 사이의 통찰이 가능하도록 다양한 교육적 상황을 배치하여 끊임없는 호기심을 유발하는 지식 탐구 방식으로 제시될 수 있다. 이러한 '사이'의 통찰의 교육 방법과 유목적 사고방식을 통해 앎의 진수에 다가가는 본질적 지식 탐구 태도, 즉 저실기측 학습 태도가 형성될 수 있는 것이다.

그러나 '방법이나 방식'만으로는 탐구 태도가 저절로

형성되지 않는다. 학습자의 학습 행동 특징과 교육 내용의 특성 같은 다양한 요인들을 교육 설계에서 반영하여(Walker, 2020: 3~4) 호기심과 성찰적 참여를 촉진할 수 있도록 학습자의 태도를 설계해야 한다. 이는 교육이 구성 요소들이 따로 독립적으로 작동하는 것이 아니라 유기적으로 상호작용할 때 비로소 교육의 목표 달성과 원하는 교육 성과를 달성할 수 있기 때문이다.

앞으로 더 확장되어 전개될 AI 기반 에듀테크 환경은 교육 구성 요소와 교육 방법, 교육 방식이 일방향적 전달 구조에서 다방향적 네트워크 구조로 전환될 것이다. 교사 → 교육 내용 → 학습자로 흐르던 선형적 관계가 교사-AI-학습자-콘텐츠-로봇(챗봇)이 상호 연결된 역동적 생태계로 재편되고 지원 기술의 혁신으로 지원 형태는 더 구체화 되는 방향으로 진화될 것이다. 이처럼 교육의 모든 구성 요소가 상호작용하는 유기적 선순환이 이루어진다. 학습자는 AI와 상호작용하며 학습하고, 그 데이터는 교사에게 전달되어 교육 설계를 개선하며, 교육 내용은 실시간으로 조정되고, 교사는 AI의 분석 결과를 활용해 더 효과적인 교육적 개입을 설계한다. 이와 같이 상자적 네트워크를 통해 실현될 교육의 미래는 우리의 예상보다 훨씬 더 빠르게 현실화할 수 있다. 즉, AI 기술의 변화 속도는 교육 전문가의 예측을 훨씬 앞지를 수 있다. 그러므로 우리가 할 수 있는 일은 교육의 상자적 네트워크를 이루는 각 요소-학습자, 교사, 교육 내용, 교육 도구 및 환경-의 본질적 역량을 강화하고, 이들이 유기적으로 상호 연결될 수 있는 토대를 구축하는 것이다. 기술의 불확실성 속에서도 단단한 교육적 기반과 유연한 네트워크는 어떤 변화에도 적응하고 지속적으로 진화할 수 있는 힘이 될 수 있기 때문이다.

참고문헌

고려대한국어대사전. https://ko.dict.naver.com/#/entry/koko/eb441314a4974019b42453e5882e2c98

박지원(2011). 《그렇다면 도로 눈을 감고 가시오》. 김혈조 옮김. 학고재.

박지원(2012). 《연암집(상)》. 신호열·김명호 옮김. 돌베개.

이창국(1987). "연암 박지원의 교육사상 연구". 서울대학교 박사학위논문.

Walker, J. M. et al.(2020). Supporting an inquiry mindset: Resisting the lack of curiosity by design model. *Journal of International Social Studies, 10*(1). pp.221~229. https://eric.ed.gov/?id=EJ1251409

08
무용지용의 가치 실현

AI가 사람의 일을 대체하는 영역이 점차 확대된다면 인간의 능력은 쓸모가 없어지는 것일까? 낮은 수준의 쓸모는 AI가 담당하고 인간은 그동안 몰랐던 미지의 쓸모, 고차원의 쓸모를 개척해야 하는 걸까? 쓸모와 쓸모없음의 경계가 무너지는 상황에서 인간이 가진 역량의 쓸모를 결정하고 대체하는 교육 내용의 시의적절성에 대해 논의한다.

AI와 인재 채용?

쓸모없음의 쓸모

무용지용(無用之用) 의 사유는《장자(莊子)》〈인간세(人間世)〉 편에 등장하는 우화에서 유래했다. 뒤틀리고 옹이가 많아 아무 쓸모가 없는 큰 나무 이야기가 그 쓸모없음으로 인해 목수에게 베이지 않고 크게 자랄 수 있었는데 이에 대해 장자는 '쓸모없음이 바로 쓸모 있는 것(無用之用)'이라고 한 것이다(전호근, 2015: 285~292).《열하일기》에서 연암이 중국에서 가장 훌륭한 볼거리를 세상 사람들이 버리는 물건인 깨진 기와 조각과 가장 더러운 똥거름이라고 한 것도 같은 맥락이다. 이는《장자(莊子)》〈지북유〉에 장자가 "도는 땅강아지, 개미, 기와, 벽돌, 똥이나 오줌에 있다(강준식, 2005: 154~155)"라고 한 것처럼, 세속적 가치를 전복하여 만물에 깃든 도를 보려 한 태도를 공유한다.

이처럼 연암의 무용지용 관점은 장자의 도가사상을 현실 속에서 재해석하여, 장자의 비판 정신을 조선 후기 맥락에서 실천한 것으로 볼 수 있다(이종성, 2018: 139). 다만 장자는 쓸모없어 보이는 것이 오히려 진정한 쓸모를 가진다고 하였고, 연암은 쓸모없음에서 새로운 쓸모를 창조함으로써 이를 현실적 혁신의 논리로 전환했다는 점에서 차이가 있다. 즉, 연암은 평범한 것에서 비범

함을 발견하고, 주변의 사소한 사물들, 세상이 하찮다고 여기는 것들을 자기만의 독특한 시각으로 재해석하여 고유하고 새로운 가치로 전환한 것이다.

이에 따라 '쓸모없음의 쓸모'를 발견하는 데는 연암의 기발한 발상과 창의적 상상이 발휘됐으며, 이러한 가치 전환은 모든 가치는 상대적이라는 인식에 도달한다. 연암이 보기에 절대적 가치, 변하지 않는 기준은 없다. 삶에서 가치는 상대적이며 각자의 고유한 삶의 영역에서 그 가치가 결정되기 때문이다. "말똥구리는 제가 굴리는 말똥을 사랑하므로 용의 여의주를 부러워하지 않고, 용 또한 자기에게 여의주가 있다고 하여 말똥구리를 비웃지 않는다"(박지원, 2013b : 149). 말똥은 용에게는 쓸모없지만 말똥구리에게는 번식과 먹이 확보를 위한 생존의 도구이며, 여의주 역시 용에게는 하늘로 솟구치는 등 초월적인 능력을 발휘할 수 있게 해 주는 도구다. 즉, 말똥에게 여의주는 가치가 없고, 용에게도 마찬가지이듯, 각자의 영역에서 가치가 성립된다.

《열하일기》〈호질(虎叱)〉에서 겉으로는 유학자의 도덕을 표방하지만 실제로는 위선적이고 부도덕한 이중적 삶을 사는 북곽 선생을 범이 꾸짖는 대목에서 상대주의적 가치관이 나타난다. "인간들이 이치를 말하고 성(性)

을 논할 때 걸핏하면 하늘을 들먹거리지만, 하늘의 입장에서 본다면 범이나 사람이나 다 같이 만물 중 하나다" (박지원, 2013a: 399). 인간의 관점에서 동물은 목축과 식용의 대상이다. 그러나 하늘의 관점에서 보면 함께 어우러져 살아가는 생명체이므로 서로 해치면 안 된다고 꾸짖는다.

가치는 누구의 입장에서 보느냐, 어느 자리에 놓이느냐, 목적이 무엇이냐에 따라 달라질 수 있다. 연암은 "목수가 나무 깎는 일을 맡았으나 대장장이를 배척하지 않고, 미장이는 제 스스로 쇠흙손을 잡고, 기와 이는 놈은 제 스스로 기와를 만든다. 그들은 방법은 비록 같지 않지만, 목적은 큰 집을 짓자는 것이다(박지원, 2012: 288)"라고 했다. 연암은 이처럼 집짓기라는 공동의 목적 아래 다양한 방법으로 참여하는 일꾼(기술자)들의 가치에 우열을 가릴 절대적인 기준이 없다고 말한다. 다시 말하면, '쓸모없음의 쓸모' 찾기는 새로운 가치의 발견이며 이는 동시에 모든 존재가 지닌 고유 가치의 인정이다. 가치는 절대적 기준으로 판단될 수 없고 상대적이다. 그러므로 '쓸모없음의 쓸모'의 발견은 각자의 고유한 가치가 공동체 발전과 함께 성장할 수 있도록 지원하는 교육의 필요성과 이를 실제 교육 현장에서 실현하도록 하는 교육과정 설계의 중요성을 시사한다.

쓸모없는 역량은 있어도 쓸모없는 사람은 없다

연암은 작고 하찮은 것에 주목하여 가치를 재발견하는 방식으로 '쓸모없는 것의 쓸모'를 발견했다(박수밀, 2012: 233~235). 따라서 연암의 무용지용 가치는 작고 하찮은 것, 더럽고 추한 것에도 모두 나름의 가치가 있다는 가치의 상대화라는 근본 관점을 가진다. 이러한 무용지용의 관점의 연장선에서 '하찮은 일', '하찮은 인간'은 없다. 다만 AI가 인간이 하던 일을 대체하면서 쓸모없는 역량이 생겨났을 뿐이다. 즉, 쓸모없는 역량은 있어도 쓸모없는 사람은 없다. 여기서 쓸모가 없어지는 역량이라고 함은 주로 프로그래밍, 회계 처리, 데이터 분석, 외국어 능력, 기계 조작 같은 도구적 역량인 하드 스킬(hard skills)이며, 이러한 능력을 AI가 대체하면서 시대가 요구하는 역량의 유효 기간이 종료되는 것이다. 그러나 인간의 쓸모는 하나의 기준으로 정할 수 없으며, 쓸모없는 사람은 더 정확히 말하자면 존재하지 않는다.

연암은 작고 하찮은 사물까지 깊이 관찰하여 겉모습이 아닌 내면에 숨은 의미를 발견하고 이를 '다시보기'를 함으로써 사물의 참다움을 창조한다. 동일 선상에서 인간에 대한 무용지용 관점은 사람이 가진 마음과 능력을 깊이 관찰하여 잠재적 가능성을 발견하는 것이 된다. 이는 앞서 제시한 연암의 《예덕선생전》과 《광문자전》 등 연암 소설의 주인공들처럼 사회적 기준으로는 험하고 비천한 '쓸모없는 일'을 하고 있지만, 그들은 자기 존재의 쓸모를 고양하는 방식으로 자신에게 놓인 삶을 받아들이고 그 안에서 최선을 선택하는 '능동적' 삶을 살아간다.

인간이 가진 역량과 인간 존재 자체의 쓸모

연암은 "세상에서 떠드는 '쓸모 있는 사람'이란 반드시 쓸모없는 사람이며, 세상에서 떠들어대는 '쓸모없는 사람'이란 반드시 쓸모 있는 사람이다(박지원, 2012: 402)"라고 말했다. 연암이 보기에 사람의 '쓸모 있음'은 고정된 위계나 관습을 기준으로 평가되는 것이 아니라, 구체적 맥락에서 발휘되는 역할과 그 역할 행동의 도덕적 타당성에 따라 판단되어야 한다. 그러나 현실은 인간 존재가 가진 내면적 가치가 아니라 권력과 명예, 물질적 이익으로 대표되는 사회적 주류 가치에 따라 인간에 대한 쓸모가 평가되고 있다.

인간의 쓸모를 판단하는 기준은 고정되고 획일화된 가치가 아니라 다양한 변신의 가능성에 있다. '이용'이 사물의 성질을 최대한 존중하면서 인간의 삶에 도움을 주려는 것이고, '후생'이 오로지 물질적 풍요로움만을 의미하는 것이 아닌 것처럼 말이다(박수밀, 2012: 247). 따라서 교육의 역할은 인간이 가진 역량이 잘 이용되는지를 면밀하게 검토하고, 다른 역량으로 대체될 수 있는 가능성을 열어두며, 인간 지능과 인공지능의 유기적 협력을 위한 시의적절한 교육 내용과 과정을 마련하는 것이다. 그리고 무엇보다 역량이 곧 사람의 가치라는 오류에 빠져서는 안 된다. 인간의 존재 가치는 그가 가진 역량과 별개임을 인식하는 교육적 인식과 풍토가 필요하다. 교육의 목적은 한 개인의 역량을 키우는 것에만 있는 것이 아니라, 그가 속한 공동체 속에서 자신의 삶을 잘 살아가도록 성장시키는 것이다. 이와 같은 인간 교육의 목표와 가치는 18세기 조선 사회에서도, 지금 눈앞에 닥친 AI 시대에서도 변함이 없다.

참고문헌

강준식(2005). 《장자, 쓸모없는 것이 쓸모있다》. 아름다운책.

박수밀(2012). "박지원의 이용후생론의 미적 기반". 《한국실학연구》, 23, 223~251쪽.

박지원(2012). 《연암집(중)》. 신호열·김명호 옮김. 돌베개.

박지원(2013a). 《열하일기 1》. 김혈조 옮김. 돌베개.

박지원(2013b). 《지금 조선의 시를 쓰라》. 김명호 옮김. 돌베개.
이종성(2018). “연암 박지원의 철학사상에 나타난 장자 제물론의 사유방식”. 《동서철학연구》, 87, 139~166쪽.
전호근(2015). 《장자강의》. 동녘.

09
법고창신, 변화에 대한 주체적 인식과 확장

옛것의 보전과 새로운 것의 혁신적 결합은 가능한가? 연암은 법고창신을 통해 삶의 진정성과 시의성을 기준으로 변화를 비판적으로 수용해야 한다고 말한다. 현재에도 보편타당한 가치와 원리를 계승하되 지금의 현실을 독창적으로 변용해 새로움을 창조하는 법고창신은 현실을 이롭게 하는 지식으로 채택되고 사용될 수 있는지 논의한다.

AI와 기자?

중요한 것은 지키고, 버려야 할 것은 바꾸다

"하늘과 땅은 아주 오랜 옛날부터 있어 왔으나 끊임없이 생명을 낳고, 해와 달은 오랜 세월 전부터 뜨고 졌지만 그 빛은 날마다 새롭다(박지원, 2012a: 26)." 연암은 하늘과 땅, 해와 달은 항상 볼 수 있어 늘 불변하는 것처럼 보이지만 실제로 그 이면에서는 끊임없는 변화와 순환, 창조의 원리가 작동한다고 했다. 이와 같이 인간 사회와 문화도 불변의 본질[法古]을 지키면서도 끊임없이 변화[創新]해야 한다는 것이 법고창신의 요지다. "옛것을 모범으로 삼는 사람은 낡은 자취에 구애되는 것이 병이고, 새것을 만들어 내는 사람은 상도에서 벗어나는 것이 탈(박지원, 2012a: 404)"이므로 옛것을 모범으로 삼되 변통(變通)－형편과 경우에 따라서 일을 융통성 있게 잘 처리함－하는 유연성을 갖추고 새로움을 창조하되 근본이 되는 법도를 잃지 않으며 법고창신의 진정한 실천을 이뤄내야 한다.

법고창신은 '법고이지변 창신이능전(法古而知變 創新而能典)'을 간략화한 것이다. 법고이지변은 옛것의 정신을 계승하되 이를 변통하여 독창적으로 변용하라는 의미이며, 창신이능전은 새롭게 표현하되 법도에 어긋나지 않는 보편적 타당성을 지니라는 뜻이다(박수밀,

1996: 123~124). 낡은 것은 옛것 그대로의 가치가 있고 새것은 현재와 미래를 통찰하는 힘이 있기 때문에(박수밀, 2010: 285), 전통의 본질적 가치와 원리를 보존하되 현대의 상황에 맞게 창조적으로 적응시키는 실용적 변화 의지를 나타낸다.

연암이 박제가의 문집 초정집서(楚亭集序) 서문에 쓰면서 알려진 법고창신은 전통과 혁신을 조화시키는 지혜다. 이는 시대가 바뀌어도 유효한 핵심 가치와 원리는 지키고, 변화한 현실에 맞지 않는 구체적 방법과 형식은 바꿔야 한다는 의미다. 옛것과 새것을 어떻게 다루고 융합하여 변통하는 법고창신 정신을 실현하기 위해서는 두 가지 핵심 원리를 고려해야 한다. 첫째는 시대를 넘어 변하지 않는 중요한 가치와 원리는 지키는 것이고, 둘째는 변화하는 현실을 제대로 직시하고 자신이 속한 현실 상황에 맞게 중요한 가치를 독창적으로 적용하는 것이다.

온고이지신이 옛것에 대한 이해를 통해 새로운 것에 대한 분별력을 얻는다는 의미가 강하다면, 법고창신은 옛것을 바탕으로 새로움을 적극적으로 창조하는 데 무게를 둔다(정옥자, 2012: 16). 따라서 법고창신은 상대적으로 적극적인 변화의 의지가 더 강조된다고 볼 수 있다.

옛것과 새것의 지혜로운 조화

연암은 법고창신을 통해 실질적이고 참다운 변화를 이끌어 내기 위해서는 시의성과 환경의 변화에 따라 '무엇을 지키고 무엇을 바꿀 것인가?'라는 질문을 던져야 한다고 역설했다. 이는 중요한 원칙과 가치는 지키되 시대에 맞지 않는 것은 과감히 바꾸라는 요구다. 연암이 인식한 변화의 필요성은 외부의 변화를 단순히 추종하는 것이 아니라 시의성(時宜性)에 중점을 둔 것으로(이경구, 2013: 105), 변화가 요청되는 적시에 조선의 현실에 적합한 내용과 방식으로 실질적인 변화가 이루어져야 한다는 의미다.

이는 옛 방식을 답습하는 것도 아니고, 무작정 새것을 따르는 것도 아니다. 본질은 지키면서 형식은 혁신하는 법고창신의 과정을 통해 진정한 의미의 변화를 추구하는 것이다. 따라서 시대가 바뀌어도 유효한 본질적 가치는 계승하되, 변화한 현실에는 창조적으로 대응하는 사유의 유연함과 관점 전환이 요구된다. "무릇 간장도 그릇을 바꾸면 새로운 입맛이 나고 전부터 있던 물건도 환경이 바뀌면 느낌과 모습이 달라지기 마련이다"(박지원, 2011: 201). 오래된 물건도 새로운 환경에 놓이면 다르게 보인다. 이는 사물의 가치와 의미가 그 자체에만 고정되어 있지 않고, 상황에 따라 변화하기 때문이다.

시대에 맞는 새로운 방법, 도구, 형식의 혁신은 '그릇' 속에 담긴 가치에 새로운 경험과 의미를 더할 수 있다. 연암에게 변화란 특정한 방법이 아니라 지금의 상황을 최대한 반영하는 것이며, 지켜야 할 진정한 의미의 옛날은 바로 '지금', '여기'에서 시작된다"(정민, 2010: 122). 그러므로 필요한 것은 옛것의 맹목적인 재현이 아니라, 옛것의 정신을 간파하고 주체적인 시각과 실천 의지로 옛것과 새것을 조화롭게 결합하는 유연한 지혜다.

비슷한 것은 가짜다

연암에게 실제성에 기반을 둔 학문과 깊이 있는 탐구는 모두 참된 학문을 가리키는 동일한 의미다. 연암은 아무리 학식이 높아도 그 내용이 옛 지식을 답습하는 것이라면 참된 학문이 아니라고 했다. 어떠한 문제의식도 없는 얕은 학문이며 이는 당연히 현실과 맞지 않거나 현실 적용에 유용한 지혜가 없는 탁상공론이 되기 쉽다고 비판했다. 참된 학문은 현실 변화를 탐구하고 실제 삶을 개선할 수 있는 변화를 이끌어야 하는데 단순히 옛것을 그대로 답습하는 학문과 변화는 옛것의 계승 여부를 판단하는 혜안과 이를 시의성에 맞게 변용하는 주체적 판단 과정이 생략되기 때문이다.

이에 따라 연암은 법고창신 과정에서 옛것을 고수한다고 하면서 진부하고 낡은 관습과 관행을 맹목적으로 흉내 내는 것을 철저하게 배격했다. 옛 학문이 지금의 현실에서 훌륭한 이유는 옛날의 '지금'을 반영한 시의성 때문인데 그 정신은 버린 채 옛 학문이라는 '정통'으로 포장된 껍데기만 고수하는 것은 결과적으로 학문의 핵심을 놓치는 것이기 때문이다. 연암은 옛것을 모방하는 것을 "마치 거울이 형체를 비추듯이 하면 '비슷하다'고 하겠는가? 왼쪽과 오른쪽이 서로 반대로 되는데 어찌 비슷할 수조차 있겠는가. 그렇다면 물이 형체를 비추듯이 하면 '비슷하다'고 하겠는가? 뿌리와 가지가 거꾸로 보이고 한낮이 되면 난쟁이가 되고 석양이 들면 키다리가 되는데 어찌 비슷할 수 있겠는가(박지원, 2012b: 84~85)"라고 꼬집었다.

연암의 관점에서 시간은 유동적이다. 그는 "옛사람도 그 당시에는 '지금' 사람이었을 따름이다. 그렇다면 '지금'이라는 것은 '옛날'과 대비하여 일컬어지는 이름이다(박지원, 2012b: 77~78)"라고 통찰했다. 따라서 옛사람들의 사고와 행동을 그대로 따라 하기보다는 '옛날의 지금 사람들이 처했던 당시의 문제를 어떻게 바라보고 해결했는지'에 초점을 맞춰 상황에 맞는 원리를 도출하고 적용하는 데 관심을 두어야 한다. 이처럼 비판적인 문제의식 없이 옛것을 답습하여 얻는 '비슷함'이란, 진실에 다가가는 것이 아니라 오히려 진실을 흉내 내는 고도화된 가짜에 불과하다.

어떠한 모습이나 상황을 진실하게 표현한다는 것과 최대한 유사하게 만드는 것은 다른 문제다. '흡사하다, ~과 같다, 유사하다, 닮았다, 꼭 ~같다' 등의 비유하는 말들이 함의하는 것은 결국 "비슷하다는 것은 어디까지나 비슷한 것일 뿐 진짜는 아니다"를 인정하는 것이다(박지원, 2013: 368). 비슷함이 아니라 진실함을 구현하기 위해서는 대상에 대한 감각적 인식을 넘어 대상이 처해 있는 맥락과 내가 처해 있는 맥락의 차이까지 아우르는 총체적 인식이 필요하다. 옛것의 훌륭함은 그 당시의 '지금'의 문제의식과 해결 의지가 담겨 있기 때문이다.

연암은 아들 박종채에게 '인순고식 구차미봉(因循姑息 苟且彌縫)'이라는 글자를 써 주며 "천하의 모든 일이 이 여덟 자로부터 잘못된다"라고 했다(박종채, 2010: 228). 이에 따르면, 낡은 인습에서 벗어나지 못하고 늘 하던 일이라고 관행에 따라 하거나 눈앞의 편안함만을 생각하고 매사 임시변통으로 일 처리를 하게 되면 결과적으로 크게 일을 그르치게 된다는 의미다. 연암은 일상의 진부한 습관이 삶 전체를 위협할 정도로 위험하므로 철저히 경계해야 한다고 보았다. 법고창신에서 창신은 바로 이러한 진부함을 경계하는 삶의 윤리에서 실현될 수 있다. 연암은 아무리 훌륭한 관행이라도 현실과의 부합 여부를 면밀하게 따지고 시의성을 기준으로 판단함으로써 주체적인 자각과 현실 인식을 통해 법고창신 정신을 실천했다.

AI 교육 패러다임의 적용과 대응

AI 기술의 급속한 진화 속에서 교육은 기술에 종속될 것인가, 아니면 기술을 활용하되 인간 교육의 본질을 지킬 것인가? 법고창신은 이러한 딜레마의 해결을 위한 실마리가 될 수 있을까? 전통을 맹목적으로 고수하지도 않고, 신기술에 무비판적으로 순응하지도 않으며 교육의 본질을 지키면서 시대에 맞게 교육을 혁신하는 지혜가 필요한 것이다. 법고창신의 방식을 적용해 보면 AI 시대 교육의 과제는 단순히 AI 기술의 거부도 아니고 무분별한 수용도 아니다. 그보다는 성장, 비판적 사고, 창의적 해결, 타인과의 우호적 관계 맺음과 공동체 발전에 기여 등과 같은 교육의 본질적 의미의 실현 가능성을 면밀하게 확인하고(법고), 동시에 AI라는 새로운 교육 도구를 활용해 교육 방법을 혁신하여 교육 본연의 목적을 효과적으로 달성하는 교육 환경 및 교육과정을 설계하는 것(창신)이다.

법고창신의 관점에서 AI 교육 패러다임에 적응하고 AI 기반 교육 변화로 인해 파생되는 구체적 상황에 대응하기 위해 요구되는 태도는 무엇인가?

첫째, 교육의 본질 추구를 중심으로 한 비판적 수용 태도다. 모든 AI 도구가 교육적으로 유익한 것은 아니므로, 교육의 본질에 부합하는 기술을 비판적으로 선별하는 안목이 필요하다. 전통적으로 교육의 본질적 가치는 훼손하지 않으면서 AI 기술 도입으로 학습자의 성장, 비판적 사고 등을 촉진하는 방향으로 AI 학습 시스템을 선택적으로 활용해야 한다.

둘째, AI와 인간의 상보적 관계 인식과 협업 태도다. AI를 교사의 대체재가 아닌 보완재로 인식하는 태도가 필요하다. AI와 교사는 각기 다른 강점을 가지고 협력해야 한다. AI는 개인화 학습, 반복 훈련, 데이터 분석에 강점이 있고, 인간 교사는 비판적 대화 촉진, 가치 교육, 정서적 지원, 학습 동기와 의미 부여에 강점이 있다. AI의 효율성과 교사와 학생의 우정의 교육적 관계 형성, 기술의 정확성과 교육의 가치가 상보적으로 작용할 때 진정한 교육 혁신이 가능하다.

셋째, 기술과 인간의 상생과 조화가 학습 현장에서 제대로 구현되는지 지속적인 성찰과 능동적인 조정과 개입을 실천하는 태도다. 법고창신은 순간적인 결정으로 한 순간에 달성되는 것이 아니라 지속적 과정을 통한 갱신을 통해 진행된다. AI 기술은 빠르게 진화하고 교육 환경도 끊임없이 변화하므로, 매 순간 교육 현장에 AI 적용의 결과를 면밀하게 관찰하고, 문제점을 발견하면 과감히 수정하는 실천적 성찰이 필요하다.

넷째, 개인과 공동체의 조화를 추구하는 태도다. AI는 개인화 학습을 지원하는 데 탁월한 장점이 있지만 이는 학습의 고립으로 이어지는 원인이 될 수 있다. 연암의 융합적 지식 공동체 활동에서 이루어진 것과 같이, AI로 개별 학습을 진행하되, 메타버스 학습 환경을 활용한 팀 프로젝트나 대면 지식 공동체 활동을 병행하여 사회적 학습을 보완해야 한다.

AI로 인한 변화 앞에서 법고창신 정신은 '무엇을 지키고 무엇을 바꿀 것인가?', '무엇을 수용하고 무엇을 거부할 것인가?'를 선택할 수 있도록 돕는 비판적 안목과 창조적 상상력을 요구한다. 교육 혁신의 성패는 AI 기술의 양적 도입에 좌우되는 것이 아니다. 교육의 본질을 지키면서 기술의 장점을 지혜롭게 활용하는 데 달려있다. 더 나아가 AI 기술을 교육의 본질을 강화하고 지원하는 전략적 도구로 활용하려는 노력이 중요하다.

참고문헌

박수밀(1996). "연암 박지원의 '진(眞)' 문학론". 《동방학》, 1, 107~134쪽.

박수밀(2010). "교육의 관점에서 본 박지원의 생태적 시각과 그 의미". 《온지논총》, 25, 261~288쪽.

박종채(2010). 《나의 아버지 박지원》. 박희병 옮김. 돌베개.

박지원(2011). 《그렇다면 도로 눈을 감고 가시오》. 김혈조 옮김. 학고재.

박지원(2012a). 《연암집(상)》. 신호열·김명호 옮김. 돌베개.

박지원(2012b). 《연암집(하)》. 신호열·김명호 옮김. 돌베개.

박지원(2013). 《열하일기 1》. 김혈조 옮김. 돌베개.

신창호(2013). 《유교의 교육학 체계》. 고려대학교출판부.

이경구(2013). 《조선 후기 사상사의 미래를 위하여》. 푸른역사.

정민(2010). 《비슷한 것은 가짜다》. 돌베개.

정옥자(2012). 《지식기반 문화대국 조선: 조선사에서 법고창신의 길을 찾다》. 돌베개.

10
사람에게 이롭게 사회를 도탑게, AI 시대 교육 상상

연암은 예측 불가능한 미래는 피해야 할 것이 아니라 적극적으로 준비함으로써 맞이하는 가능성이라고 말한다. 닫힌 사회에서 열린 세계를 향해 나아간 자유인, 시대적 편견에 맞선 휴머니스트, 통념을 전복한 사상가 연암이 말하는 이용후생은 인간이 이룩한 현대 문명과 AI가 만들어갈 미지의 문명 '사이'에서 사람에게 이롭고 공동체에 도타운 미래 교육 상상의 나침반이 될 수 있을까.

AI와 미래 의사?

연암은 가난한 백성들의 삶을 면밀하게 관찰하고 인간이 생존의 위협에 직면할 때 윤리적 규범을 지키기 어렵다는 현실을 통찰하였다. 빈곤과 결핍 속에서는 예의나 도덕과 같은 정신적 가치가 쉽게 무너질 수밖에 없으며, 이에 따라 경제적 안정은 인간 존엄성을 지키기 위해 중요한 조건이라고 생각했다. 이는 경제 가치가 도덕적 가치에 우선한다는 의미라기보다는, 오히려 인간이 존엄성을 유지하고 도덕적 삶을 실천하려면, 먼저 경제적 안정과 물질적 풍요가 보장되어야 한다는 것이다.

고대 로마의 정치가이자 철학자 키케로(BC 106~BC 43)는 그의 마지막 저서 《의무론》에서 이용후생과 관련지어 생각할 만한 중요한 문제를 제기했다. 그리스어 '아가톤(agathon, 좋음)'에는 '옳음'과 '유익함'이라는 두 차원이 있지만, 도덕적인 선이 모든 이로움의 원천이자, 판단의 근거라고 주장한다. 구체적으로 설명하면, "이로움을 주는 재산이나 명예 같은 것들은 그 자체로 선한 것이 아니다. 이것들이 진정한 이로움을 발휘하려면 반드시 올바른 덕(德)에 의해 이끌리고 제대로 평가될 때 비로소 이로움을 발휘할 수 있는 것이다"(유재봉 외, 2023: 149). 다시 말해, 도덕적으로 '옳은 것'이 사회 전체를 아우르는 가장 큰 가치이자 궁극적인 목표가 되는 것이다. 그리고 경제적 유익함이나 명예와 같은 '유익함'은 이 도덕적 틀 안에서 운용될 때만이 제대로 실현될 수 있다. 이는 단순히 물질적 풍요를 넘어, 인간다운 사회를 만들기 위한 실천적 철학으로서 이용후생 사상의 본질과 맞닿아 있다.

연암의 이용후생 사상은 당시에도 경제적 토대를 굳건히 다진 후, 이를 바탕으로 정신적 · 문화적 성숙을 이루어 모든 사람이 존중받으며 사람들이 각자 자기의 능력을 펼칠 수 있는 사회로 나아가야 한다는 사회 통합적인 발전 윤리 방향을 제시하고 있다. 지금의 관점에서도 AI 시대의 이용후생은 단순히 첨단기술 발전과 경제적 효과, 그리고 경제 성장에 그치지 않는다. AI 기술의 혜택을 모든 시민이 평등하게 누릴 수 있어야 한다. 이를 통해 경제적 안정과 사회적 공정함을 보장하고, 그 위에서 인간의 능력을 키우며, 존중받는 삶을 실현하는 것이 목표다.

그럼에도 불구하고, 현실은 AI 기술의 효율성만을 지나치게 추구하는 방향으로 나아가고 있다는 비판도 있다. AI 디지털 격차가 심화되어 사회적 불평등이 커질 수 있으며, 현재 나타나는 기술적 소외 현상이 더욱더 심해져 인간의 존엄성과 사회 윤리까지 위협하는 사회 문제로 부상할 수 있다는 우려도 적지 않다. AI 문명의 전환기에서 우리가 가져야 할 태도는 기술 발전에 대한 무조건적인 순응이나 맹목적인 비판을 하는 이항 대립적 관점이 아니라, 그 '사이'에서 인간이 지녀야 할 바람직한 삶의 가치를 찾는 것이다. 이를 위해서는 우리 스스로 '어떤 인간이 될 것인지'를 끊임없이 성찰하고, 타인과 함께 더 나은 사회를 함께 만들기 위한 결정과 선택의 힘, 즉 능동적 의지가 필요하다. 이는 연암 박지원이 변화의 물결 속에서도 개방성을 전제하고 비판적으로 현실을 수용할 수 있었던 주체적 태도와 같다.

연암이 지향했던 사회는 모든 백성이 경제적으로 안정되고 인간으로서 존중받으며, 각자의 잠재력을 충분히 발휘할 수 있는 사회였다. 다시 말해, 이용후생은 도덕적 삶을 가능하게 하는 실질적 토대이자 인간다운 사회를 실현하기 위한 수단과 목적이 결합된 핵심 가치로 이해할 수 있다. 21세기 이후 디지털 시대에 데이터와 기술이라는 새로운 자원이 등장했지만, 이를 통해 물질적 안정과 정신적 풍요를 함께 이루고 누구나 존중받으며 의미 있는 삶을 살 수 있을까. 이용후생의 근본정신은 여전히 우리 시대의 핵심 과제로 남아 있다.

AI 패러다임 전환의 한계

AI가 과연 인간에게 이로움을 주고 사회를 도탑게 하는 도구이자 파트너가 될 수 있을까? 이러한 질문에 명확한 답을 찾을 순 없지만 질문을 해결할 실마리는 교육에서 찾아볼 수 있다. 교육의 근본 목적이 인간이 자기 삶에 주도성을 가지고 공동체에서 잘 살아갈 수 있도록 돕는 것이고 이는 인간다운 삶을 최종 목표로 지향하는 실용적 휴머니즘인 이용후생과 맞닿아 있기 때문이다.

AI 시대로 접어든 지금도 교육의 근본적 의미는 인간이 스스로 삶의 방향을 성찰하고, 자율적이고 비판적인 사고를 통해 타인들과 협력하여 더 나은 사회를 만들어 가도록 돕는 데 있다. AI 시대에도 교육의 본질은 변하지 않는다. 따라서 AI가 교육에 도입되기 전이나 후나 그 근원적 목적은 동일하다. 다만 AI 기반 교육 환경에서 주목할 변화는 교육 내용의 성격과 역할이다. 전통적인 교육에서 교육 내용은 학습자와 교사가 상호작용하는 매개체 역할을 했다. 그리고 교과서나 교재처럼 미리 정해진 형태로 제시되어 교사가 선택하고 조직한 '고정된 지식'이었다. 그러나 AI 기반 학습 환경에서 교육 내용은 학습자의 요구와 맥락에 따라 생성되는 유동적 특성을 가진다. 이에 따라 학습자도 AI를 통해 능동적으로 반응하고 자신에게 맞게 학습 상황을 조정하는 등 이전보다 개인화된 학습 환경에서 학습할 수 있게 되었다.

여기에는 우려되는 점도 있다. AI가 학습 내용을 생성할 때 어떤 가치와 기준으로 선택하는지, 그 과정에서 교육의 본질적 목적(주체성, 비판적 사고, 성찰 등)이 고려되고 있는지는 알 수 없다. AI는 강력한 학습 지원 도구이지만, 자율적이고 비판적으로 사고하는 인간을 기르는 교육의 근원적 목적을 실현하는 도구로서의 역할을 하는지는 확신할 수 없는 것이다. 그리고 질의응답의 형태로 소통하는 것처럼 보이지만, 사용자인 학습자가 계속해서 새로운 질문을 만들지 않으면(제대로 잘 '이용'하지 않으면) 오히려 지식과 정보의 전달에만 그칠 위험도 크다.

AI 교육 패러다임의 전환은 학습자가 AI의 본질을 더 잘 이해하고, 이를 토대로 일상과 학습에 유익하게 활용하며, 더 나아가 평생 배움을 통해 자신과 공동체의 삶을 풍요롭게 만들어야 한다는 메시지를 던지고 있다. 이를 위해 가장 강조되는 것이 AI와의 협업이다. 그러나 이러한 이상적 비전은 그 필요성과 타당성과는 별개로, 실제 교육 현장에서는 정책 입안자, 교사, 학교 행정가 등을 비롯해 교육 현장을 압박하는 현실적인 부담이 되고 있다. 그 이유는 크게 두 가지로 구분할 수 있다.

첫째, AI 시스템의 예측 및 이해 불가능한 복잡성 때문이다. AI 기술의 불투명성과 예측 불가능성은 인간의 통제와 해석 가능성을 차단한다. 과거 인터넷 혁명 시기만 해도 교육 현장에 도입된 IT 기술 원리를 어느 정도 파악하고 그 특성에 맞게 재구성하고 기술을 교육에 활용할 수 있었다. 그러나 AI의 내부 알고리즘은 블랙박스처럼 닫혀 있어 그 판단 근거를 명확히 알기 어렵고, 스스로 학습하며 진화하기 때문에 그 결정 경로와 구조는 더욱더 이해하기 어렵다. AI 기술의 불투명한 작동 원리로 인해 AI 기술의 특성을 파악한 교육적 대응이 쉽지 않은 것이다.

둘째, 기술 전환의 가속화로 인한 현장의 피로감 때문이다. 교육 현장이 막 디지털 전환 시스템을 완성하는 시점에서 다시 AI 환경으로 전면 재구성해야 한다는 데서 오는 부담이 크다. 기술 반감기(technology half-life)－기술의 가치와 효용이 시간이 지남에 따라 절반으로 줄어드는 속도－가 더욱 가속화되면서 더 진화한 AI 기술이 등장하여 또 다른 전환을 준비해야 할지도 모른다는 예측은 불안감과 피로감을 가중시킨다.

AI와 함께 살아가기 위한 작은 실천

이상과 같은 AI 패러다임 전환으로 인한 한계를 극복해야 하는 것도 최근 우리가 당면한 과제다. 우리가 '자신의 뇌'를 모방해 인공지능을 만들어 낸 현재의 일련의 사태를 제대로 파악하고 대응해야만 앞으로 다가올 미래도 긍정하며 주도적으로 맞이할 수 있기 때문이다(김대식 · 김혜연, 2025: 9). AI 기술 진보가 빠르기 때문에 극복 방안은 거창한 계획보다는 실행 가능한 수준에서 신속하게 실천할 수 있는 방안 마련이 우선되어야 한다. 이에 따라 AI를 잘 '이용(특성을 파악을 통한 지속 가능한 활용)'하고 AI와 함께 '후생(사회적 구성원이 모두 풍요로운 삶)'하기 위한 실천 가능한 전략으로 ① AI 기술 진보의 기준 제시와 ② 구체화된 AI 윤리 기준 마련을 제안한다.

첫째, AI 기술 진보의 기준으로 '접근성(accessibility)'의 우선적 고려다. 손화철(2023)에 따르면 진정한 기술 진보의 기준은 접근성에 있다. 어떤 기술을 설계할 때 다양한 기술 수준의 사람들과 사회가 그 개발, 제작, 사용에 쉽게 접근할 수 있도록 해야 하며, 바로 그러한 기술을 더욱 진보된 기술로 인정해야 한다는 것이다. 만약 신기술 개발자(공학자), 정부, 기업, 그리고 시민이 이러한

'접근성' 기준을 수용한다면, 새로운 차원의 기술 개발 경쟁과 함께 공동체를 고려한 윤리적인 기술 발전이 동시에 이루어질 것이다(손화철, 2023: 283).

둘째, 구체화된 AI 윤리 기준 마련을 위해 맥락마다 다른 미세한 AI 윤리 문제들을 도출하고 지속적으로 분석할 수 있는 체계와 교육 문화 조성이다. AI 윤리를 정립하기 위해서는, 구체적인 맥락을 최대한 고려하여 다각적인 분석을 진행해야 한다. 이는 단순히 AI의 차별적인 특징이나 장점뿐만 아니라, AI 도입이 초래하는 고유한 부작용과 역기능, 그리고 이로 인해 예상되는 불안과 우려 사항까지도 심도 있게 분석하는 것을 의미한다(김명주, 2022: 248). 이에 따르면, 5개 이상의 Why 질문 기법을 통해 구체적으로 어떤 현상과 사건, 사고의 원인을 찾기 위한 '5Whys AI 윤리 원칙 기법'을 참고할 수 있다(김명주, 2022: 251~252). 윤리 지침은 범용적일수록 실천과 유리되기 쉽다. 일례로 5Whys AI 윤리 원칙 기법과 같이 구체화 된 상황을 기반으로 하는 AI 윤리 탐색 방식은 실제 교육 활동이 이루어지는 현장에서 학습자가 자신과 연관된 내용을 윤리 딜레마로 직접 도출할 수 있어 교육적 효과도 높다.

[**예시**] 5Whys AI **윤리 원칙 기법**

Why1: 인공지능은 나에게 불리한 결정을 내릴 수 있다.

Why2: 인공지능이 나에 대한 편견과 잘못된 선입견을 이미 가지고 있을 수 있다.

Why3: 인공지능이 학습한 내용이 나에게는 공정하지 않을 수 있다.

Why4: 인공지능에 대한 학습 과정이 의도적이든 아니든 잘못될 수 있다.

Why5: 인공지능은 학습을 기반으로 자율적으로(자기 맘대로) 동작한다.

이용후생의 교육적 확장

알파고 출현으로 인해 AI 충격이 가장 먼저 들이닥친 바둑계는 그 어떤 분야보다 AI 패러다임 전환이 빨랐다. 대표적으로 바둑을 배우고 즐기는 풍경이 빠르게 바뀌었다(장강명, 2025: 20). 2016년 이전까지만 해도 강력한 상대와의 실전 경험을 통해 결정적으로 실력을 향상할 수 있다고 믿었던 한국 프로 바둑계는 프로 기사, 신예 기사부터 최정상급 기사까지 바둑 인공지능 프로그램을 활용해 개별적으로 실력을 연마한다(허유선 외, 2023: 188). 바둑 중계와 해설에서도 AI가 제시하는 좋은 수와 예측 승률 정보를 보여 주며 AI의 수에 대해 감탄하거나 의문을 제기하면서 폭넓은 시각으로 해설을 제공하는 방식으로 재미를 끌어올린다. 바둑계에 '먼저 온 미래'는 바둑의 교육과 문화를 모두 바꾼 것이다.

예전에는 고수와의 대국을 통해 실력을 쌓는 경험이 중요했지만 지금은 고수와 바둑을 겨루지 않고도 AI와 함께 다양한 수를 경험하며 바둑의 실력을 키울 수 있게 되었다. 이전보다 바둑을 쉽게 배울 수 있게 되었지만 바둑을 통해 느꼈던 시행착오에서의 희열과 어렵사리 바둑의 수를 떠올리면서 실력을 쌓아 올리며 느꼈던 더디지만 자기만의 희열은 많이 사라졌다. AI는 무한 연습 파트너 역할을 제공하지만, 동시에 과도한 AI 의존과 바둑을 통해 느꼈던 심오한 세계에 대한 탐닉의 상실, 획일화 위험도 존재한다. 바둑계의 변화는 교육계에 시사하는 점이 많다. 교육은 학습자가 무언가에 호기심을 느끼고 배우고 싶은 갈망을 일으켜, 교육적 만남을 통해 성장하도록 지원한다. 따라서 바둑계를 반면교사로 하여 AI로 자동화된 시스템에서도 학습자의 감정과 인간적 특징 들을 고려하는 교수법과 전략 탐색이 계속될 필요가 있다.

따라서 교육은 교육 본질과 AI 기술 혁신의 조화를 이루며, '인간 지능'이 주도하여 '인공지능'과 함께 나아갈 협업의 길을 열어가야 한다. 인간-AI 협업의 형태는 주로 인간과 인공지능이 서로 학습함으로써 각자 단독으로는 도달할 수 없는 더 우수한 결과를 함께 만들어 내는 형태로 제시된다. AI는 대량 데이터 탐색, 정보 요약, 패턴 인식 등에서 효율적으로 수행하며, 인간은 창의성 · 공감 · 윤리적 판단이 필요한 영역에서 핵심적 역할을 수행하는 방식이다. 교육에서 AI와의 협업은 '인간 학습자를 어떻게 배우게 하는가'에 초점을 맞추고 AI를 도구로, 파트너로 활용하면서도 인간만이 제공할 수 있는 공감, 영감, 창의성을 잃지 않는 균형 잡힌 접근이 필요하다.

무엇보다도 AI를 잘 사용하고 AI와 협업하기 위해서는 AI가 도저히 침범할 수 없는 인간의 능력을 찾으려는 집착에서 먼저 벗어나야 한다. 어쩌면 지금 인간 고유 능력이라고 생각하고 있는 것은 현재 기준에서 단지 AI가 따라잡지 못한 기능일 뿐일지도 모른다. 실제로 인간만이 가진 고유 능력은 AI와의 대결에서 찾을 수 있는 특정 역량이 아니다. 인간의 고유 능력보다는 인간 고유의 특성에 주목하는 것이 좀 더 정확한 접근이다.

인간성, 즉 인간 고유의 속성은 확신에 대한 의심, 결핍을 충족하려는 욕구, 삶의 경험에 기초한 성찰이 대표적이다. 기술의 능동적 사용자로서 사물을 비판적으로 수용하는 개방적 태도, 자기만의 사용 방법을 발견하고 변용하려는 욕구와 의지, 새롭게 대두되는 기술의 혁신적 기능을 평가하고 숙고하는 것이야말로 인간이 가진 고유한 힘이다. AI와 겨루며 상대적 우위 역량을 찾으려 애쓰기보다는, AI를 경쟁 상대나 위협으로 보는 시각에서 벗어나 이로운 삶을 모색하는 협력 파트너로 AI와의 공존을 모색하는 데 집중하는 것이 훨씬 생산적이고 현실적인 접근법이다. 그러므로 AI 문명 대전환 시점에서 집중해야 할 핵심은 AI가 '더 똑똑한 기계'로 진보하는 것과 동시에 '더 인간적인 삶을 가능하게 하는 파트너'로 진화할 수 있도록 유도하는 데 있다.

연암 사유의 독특성

연암은 모두가 같은 방향만 보던 시대에 다른 곳을 바라봤다. 자기 눈으로 세상을 보고 자기 머리로 생각했기 때문이다. 많은 이들이 안에 갇혀 두려워만 하던 시대에, 그는 스스로 문을 열고 밖을 향해 걸어 나갔다. 낡은 시대가 정해준 하나의 정답 틀에 갇혀 새로운 현실을 제대로 인식하지 못하는 사람들 틈에서 직접 생생한 현실에 몸을 던져 해답을 찾는 모험을 즐겼다. 따라서 연암을 설명하는 대표적인 키워드는 개방성, 주체성, 진정성이다.

연암의 주체성은 '개방성이 전제된 주체성'이다. 개방성이 전제되지 않은 주체성은 아집과 독단으로 흐를 수 있지만, 개방성이 전제된 주체성은 열린 공간에서 변화를 비판적으로 수용하는 중요한 동력이 된다. 연암이 가진 열린 태도는 인간관계에서도 '존재를 있는 그대로 개방하는 진정성'으로 드러난다. 연암에게 벗 사귐은 진정성 있는 존재들 간의 만남으로 규정된다. 따라서 연암의 우정론에는 존재의 개방성을 전제로 주체적 존재 간의 만남을 통해 진정한 우정을 발휘하는 개방성-주체성-진정성의 연계가 발견된다.

한편, 연암은 독창적 문체를 창조한 예술가이자 기발한 비유와 상상력을 문학 작품으로 녹여 낸 한국의 대표적 문장가로 잘 알려져 있다. 교과서에 등장한 그의 작품을 기억하는 것으로 연암을 고전 문학가로만 인식하기도 한다. 그러나 연암은 시대적 문제의식과 역사의식, 문명사적 혜안을 갖추고 해박한 지식과 치밀한 논리를 겸비했던 비판적 지식인이었다. 한편으로 그는 사람과 사람 사이의 따뜻한 정서와 우정, 공감, 염치를 중시하며 편안한 유머로 수평적인 의사소통을 즐겼던 호방하고 소탈 기질을 가진 휴머니스트였다. 그의 주요 사상인 이용후생이 결국은 인간다운 삶을 지원하는 사상의 씨앗을 품고 있는 것도 바로 이 같은 연암의 성향과 인간 중심적 가치관이 반영되었기 때문이다.

한 인물의 사상은 그가 속한 시대의 사조와 환경 속에서 형성되지만, 동시에 그 개인의 성격과 감수성이 투영되어 시대를 넘어서는 고유한 사유로 드러난다. 연암이라는 인물이 가진 복합적인 개성은 그의 사유 특징으로 이어져 이용후생이라는 사상적 틀 속에서 '사이'의 통찰, 유목적 사고, 저실기측, 우정론, 상자성, 무용지용론, 법고창신과 같은 다양한 독창적 사유로 발현되었다. 연암 사유의 특징을 정리하면 다음과 같다.

첫째, 사유의 유동성(流動性)이다. 연암은 꼬리에 꼬리를 무는 질문으로 하나의 결론으로 쉽게 고정되지 않았으며, 양극단의 '사이'에서 호기심과 질문을 형성하는 흐름 속에서 의미를 갱신했다.

둘째, 사유의 전복성(顚覆性)이다. 진부함과 상투성을 넘어서는 역설과 파격적 사고의 전개를 통해, 기존의 사고 체계에 균열을 내고 과감하게 파괴하는 특징을 보인다.

셋째, 사유의 확장성(擴張性)이다. 이는 핵심과 본질에 집중하여 이를 토대로 외연을 확장해 주변부를 다시 중심부로 전환하는 사고다. 마치 핵에너지가 분열되어 거대한 파장을 일으키듯 정밀하게 원리를 파고들수록 탄탄한 실천적 지침으로 연계돼 현실 적용 가능성을 높인다.

넷째, 사유의 상호연동성(相互連動性)이다. 연암은 작은 생각이라도 쓸모없다고 생각하지 않고, 이를 타인을 이해하고 사회 문제를 해결하는 사고로 확장했다. 이는 모든 사유가 현실적 문제 해결로 연결되는 특징이다.

마지막으로, 사유의 상보성이다. 서로 대립하는 요소들을 대치 선상에 놓지 않고 다양한 맥락에 배치함으로써, 이들을 상호 보완적인 관계로 새롭게 재정립하는 특징을 가진다.

이상과 같은 연암 사유의 특징은 평생 새로움과 참다운 것을 추구함으로써 구태의연한 삶의 관성에서 벗어나고자 노력했던 인간 연암의 개방적 태도, 주체성, 진정성으로 귀결된다. 그리고 이러한 연암의 삶과 사상의 특징은 이용후생이라는 실용적 휴머니즘의 토대와 실천 원리로 이어졌다.

나가며

AI의 등장은 인간의 능력과 특성에 대한 사회적 관심을 되돌리는 역설을 가져왔다. AI가 인간을 대처하는 능력이 추가될수록 인간만이 할 수 있는 것에 대한 관심도 같이 높아졌다. 세상이 인간에게 관심을 기울이는 것 자체는 환영하고 반가운 일이지만, 그 시작이 AI로 인한, AI를 향한 것이라는 사실은 다소 씁쓸하다. 관심의 초점이 사회에서 쓰임새로서 도구화된 인간의 역량에 초점이 맞춰져 있기 때문이다.

인간에게는 각자가 일궈온 삶이 있고, '인간의 고유한 힘'이란 건 삶과 인간만이 가진 아우라에서 나오는 게 아닐까. AI에게는 삶도 없고 아우라도 없다(김대식 · 김혜연, 2025: 92). 아우라(Aura, 라틴어 '숨결')는 '존재가 풍기는 고유한 기운과 시간의 흔적'이라는 어원으로 "한정된 시간과 공간에서만 체험할 수 있는 독특한 감동과 정서"(강정원 · 이경숙, 2025: 25)를 의미한다. 이 외에도 우리 삶에서 이성과 논리로는 설명할 수 없는 직감(直感, instinct) – 이성적 사고나 논리적 분석 없이 순간적으로 느끼는 판단 – 도 AI에는 없다. 이처럼 AI 가 계산으로 흉내 낼 수 없는 인간적 특징들은 오직 인간이 살아내는 삶의 경험에서 비롯된다. AI는 삶이 있는 인간의 경험과 역량은 모방할 수 있지만, 생존과 희로애락, 실패, 향유 등 다양한 인간적 특성이 만들어지는 삶 그 자체를 가질

수는 없다.

연암의 '이용후생'과 '법고창신' 사상은 현대의 시대적 요구와 맥락에 깊이 맞닿아 있는 이론이다. 특히 연암은 변화하는 현실 속에서 지켜야 할 정신을 잃지 않으면서도 새로운 맥락에 적용하려는 구체적이고 실천적인 통찰을 보여 주었다. 이러한 특징은 어느 시대와도 접속이 가능한 높은 시대성(contemporary context)으로 '지금' 우리의 문제를 해결하는 실천적 단초를 제공한다. 범접할 수 없는 인간적 아우라와 명철하고 진정성 가득한 연암이라면 지금 시대의 문제를 어떻게 바라보고 어떠한 잠재된 가능성을 탐구했을까. 과연 연암은 이용후생 정신의 본질을 토대로 AI 시대에 맞는 창조적 변화를 어떻게 실천하며 '법고창신'을 이루었을지 상상해 본다.

참고문헌

강정원·이경숙(2025). "발터 벤야민의 아우라 개념에서 본 스포츠". 《움직임의 철학 : 한국체육철학회지》, 33(1), 17~29쪽.

김대식·김혜연(2025). 《사이 인간》. 문학동네.

김명주(2022). 《AI는 양심이 없다》. ㈜헤이북스.

손화철(2023). 《호모 파베르의 미래: 기술의 시대, 인간의 자리는 어디인가》. 아카넷.

유재봉 외(2023). 《교육철학 및 교육사 탐구》. 학지사.

장강명(2025). 《먼저 온 미래》. 동아시아.

허유선 외(2023). “한국바둑계에서 인공지능 기술 활용은 인간과의 공존 사례로 볼 수 있는가?: 인공지능 윤리원칙의 한계와 기술 활용 분야의 특수성을 중심으로”. 《아시아연구》, 26(4), 183~202쪽.

신정민

이후교육 대표, 이화여자대학교에서 강의한다. 이화여자대학교에서 교육학 박사학위를 받았다. 한국기술교육대학교에서 직업훈련을 위한 비대면 온라인 학습 환경의 교수법 연구와 직업계고 학생들의 안전한 현장 실습 환경을 위한 가상현실(VR) 기반 훈련 콘텐츠 설계 원리, 메타버스 환경에서의 교수 전략 설계를 주로 연구했다. 실용 교육 관련 연구를 중심으로 고용노동부 직업능력개발훈련 자문 및 다수의 관련 프로젝트에 참여하고 있으며, 디지털 신기술 및 첨단·전략기술 산업 분야 인력 양성, 직업훈련 정책 및 제도, 실감형 기술 기반 직업훈련 연구와 컨설팅 활동을 꾸준히 진행하고 있다. AI 기반 학습자 맞춤형 설계 관련 특허와 논문, 첨단기술 기반 교육 관련 연구를 포함해 30여 편의 논문을 KCI, SSCI 등재 학술지에 게재하였다. 현장 맞춤 교육 설계 연구 및 직업훈련 컨설팅 전문 서비스 업체인 이후교육(이용후생 교육 연구 중심 www.lihouedu.com)을 이끌며 주로 직업교육훈련 분야에서 실용주의 교육 이념인 이용후생의 신념을 현장에 맞게 구현하고 실천하는 연구 수행과 실질적 적용에 주력하고 있다.